Caſ. d'turchi ruin̄

Molini

Fiume di ſalona

Caſ di Saiona

Molini

S. Giacomo

Ponteſecco

Saſſobiancho

Mol

Fiumera

Chilla

S. Lorenzo

de pooleſan

Salme

Zarnouni

S. Lorenzo

Zerno

ALLAT O citta nobile et antiqua
ſa di Diocletiano imperatore poſta
a Dalmatia ſopra il mare Adriatico
o delli Illuſtriſſ: sᵗⁱ Venetiani

MANFRED DIMDE
DIE JOHANNES-VERSCHWÖRUNG

MANFRED DIMDE

DIE JOHANNES-VERSCHWÖRUNG

Der Kampf um die Nachfolge Jesu

DROEMER

Die Deutsche Bibliothek – CIP-Einheitsaufnahme

Dimde, Manfred: Die Johannes-Verschwörung...Der Kampf
um die Nachfolge Jesu / Manfred Dimde. –
München : Droemer Knaur, 1998
ISBN 3-426-27104-4

Die Folie des Schutzumschlags sowie die Einschweißfolie
sind PE-Folien und biologisch abbaubar.
Dieses Buch wurde auf chlor- und säurefreiem Papier gedruckt.

Redaktion: Dr. Andreas Gößling, München
Vorsatzmotiv: Split und Umgebung nach Camucio, 1571.

Umschlaggestaltung: Agentur Zero, München
Umschlagabbildung: Photonica, Hamburg
Herstellung und DTP: BücherWerkstatt
Alexander von Ertzdorff, Beuerberg
Reproduktion: Franzis Druck GmbH, München
Druck und Bindung: Franz Spiegel Buch GmbH, Ulm
Printed in Germany
ISBN 3-426-27104-4

2 4 5 3 1

Inhalt

1
Erste Begegnung mit dem Mysterium von Trogir

Die Geschichte zu diesem Buch beginnt im Jahr 1989. Damals verbrachte ich den Sommerurlaub mit meiner Familie in Trogir nahe Split im damaligen Jugoslawien. Ich war einer privaten Einladung gefolgt und wollte 14 Tage lang nach dem Motto »Nichts sehen – nichts hören« nur badend und faulenzend die Zeit verbringen. Außer einem Besuch des malerischen Städtchens Trogir konnte man darüber hinaus auch kaum etwas unternehmen.

Früher habe ich mich manchmal darüber lustig gemacht, daß Detektive in Filmen und Romanen, wo auch immer sie sich gerade aufhalten, auf Verbrechen und spannende Abenteuer stoßen. Das kann es nur in der Phantasie dieser Autoren geben, dachte ich, nicht in der Wirklichkeit. Heute grinse ich zwar immer noch über Miß Marple und ihre Kolleginnen und Kollegen, jedoch verhaltener und mit mehr Verständnis. Denn auch meine Erfahrung zeigt, daß man das, wofür man sich interessiert, automatisch anzieht. Der Blick entwickelt sich, zusammen mit einem gewissen Gespür, so daß man sofort Signale auffängt und zielstrebig nachzuhaken beginnt.

So wie der Detektiv den Bösewicht geradezu riecht, entwickelt jeder Experte auf seinem Gebiet einen »Riecher«, der ihn schneller oder näher an die betreffende Sache heranbringt. Das kann allerdings für den Ehepartner ganz schön nervig werden.

Meiner Frau ergeht und erging es nicht anders. ›Hat der schon wieder …‹, dachte sie wohl auch in der Kathedrale von Trogir, als sie meine glänzenden Augen bemerkte. ›O weh – dann ist er in den nächsten Wochen zu nichts anderem mehr zu gebrauchen!‹

Damals kreisten meine Gedanken – trotz Urlaub – fast unablässig um meine Nostradamus-Forschung, zu der die ersten Bücher von mir erschienen waren, und um die Entschlüsselung alter Templertexte aus Südfrankreich und den Pyrenäen. Und nachdem ich in den letzten Urlaubstagen etliche lateinische Inschriften in Trogir entdeckt hatte, spiegelte ich diese im Geiste unwillkürlich immer wieder auf die mir wohlvertrauten Textschablonen des Mittelalters und der Renaissance.

Auf die ersten dieser Inschriften war ich zufällig gestoßen. An einem glutheißen Nachmittag waren wir, nach Schatten und Kühle lechzend, in die Kirche[1] von Trogir geradezu geflohen. Während ich gemessen durch das Kirchenschiff schritt, um die innere Legitimation zu erlangen, in der Kühle der Kathedrale Platz zu nehmen, fiel mein Blick auf eine Inschrift im Fußboden, die mich sofort elektrisierte. In jenem Jahr 1989 hatte ich keinen Anlaß, in Trogir ein Geheimnis zu vermuten. Hätte ich damals auch nur im entferntesten geahnt, daß ich vor einem der ganz großen Geheimnisse der Christenheit stand, so wäre ich sicherlich nicht so gelassen geblieben wie seinerzeit.

Doch auch ohne jegliches Vorwissen zu den verborgenen Rätseln dieses Ortes imponierte mir die Kirche von Trogir. Die Zeit schien hier stehengeblieben zu sein. Ja, genauso stellte ich mir die Atmosphäre in einer mittelalterlichen Kirche vor: Damen, edle Fräulein, Ritter mit Knappen kommen herein, womöglich schreiten auch Kreuzritter zwischen den Säulen einher. Tatsächlich hatten die Ritter an fast jeder Säule ihre Geheimzeichen hinterlassen, wie ich bei näherer Untersuchung bemerkte. Ob sie hier wohl einen geheimen Versammlungsraum hatten, überlegte ich, ob hier womöglich seit Jahrhunderten ein Schatz verborgen war? Alles sah so unberührt aus, als sei es seit der Ritterzeit vergessen und warte nur auf den, der es aus seinem Zauberschlaf erweckte.

Einiges stach mir bereits bei einem ersten Rundgang ins Auge:

- Eine Taufkapelle, Johannes dem Täufer geweiht, erinnerte stark an einen Versammlungsraum des geheimen Ritterbundes der Templer.
- Eine Johanneskapelle zeigte dagegen Merkmale der geheimen Johanniterbünde.
- Auch die Malteser hatten ihr Signet mehrfach hinterlassen.

- Der linke Nebenaltar war voller Geheimzeichen, die ich gedanklich in die Nähe der Rosenkreuzer rückte.
- Dazu kamen mysteriöse Schnitzereien im Chorgestühl und in der Sakristei – waren es versteckte Botschaften?
- An einer etwas verborgeneren Stelle war im Fußboden eingraviert: CORPUS D. IOANNIS HIC INVENTUM.

Ich erinnere mich, daß ich damals annahm, die Johanniter, die geistlichen Führer der Kreuzritter (im Gegensatz zu den weltlichen Führern, den Maltesern), hätten diese Zeichen hinterlassen. Tatsächlich war die Kapelle rechterhand ringsherum mit einer steinernen Sitzbank versehen, dem typischen Inventar eines Kreuzritter-Versammlungsraums.

Stand ich also in einem »Heiligtum« der Kreuzritter? Ich begann zu spekulieren. Möglich, daß Ritter, die auf dem Seeweg von Venedig aus an der dalmatinischen Küste entlang nach Griechenland, Kleinasien und bis ins Morgenland gefahren waren, hier Station gemacht hatten.

Durch meine Recherchen in Südfrankreich wußte ich auch, daß die französischen Ritter ursprünglich den Seeweg an der Nordküste Afrikas entlang benutzen wollten, hiervon aber schnell wieder abgekommen waren, da diese Route zu gefährlich war – hauptsächlich deshalb, weil es an gutem Trinkwasser mangelte. Auch das Geheimzeichen der Templer, das auf einen verborgenen Einweihungstempel bzw. eine Kirche dieses Ordens hinwies, war an der Außenmauer der Kirche deutlich sichtbar angebracht, so wie es die Templertradition vorschrieb.

Wie vereinbarten sich all diese Indizien mit dem Schriftzug CORPUS D. IOANNIS HIC INVENTUM im Fußboden rechts vom Hauptaltar? Tausende von Gläubigen mochten diese Inschrift gelesen haben, ohne sich jemals etwas dabei zu denken.

Bei mir jedoch meldete sich sofort der Trieb des Suchers. Was mochte das alles bedeuten? Da hatten wir also

- eine alte Kirche,
- auffällig viele Geheimzeichen an den Mauern,

- auffällige Räume im Stil der alten Geheimbünde,
- für katholische Kirchen ungewöhnliche Altäre sowie
- alte Inschriften.

Wie paßten diese Zeichen zusammen? Verbarg sich dahinter ein Geheimnis? Und wenn ja, welches Mysterium? Wer war eingeweiht? Wer hütete es? Wer konnte mir helfen, das Geheimnis zu lüften?

Ein heiliger Strohmann

In den folgenden Tagen befragte ich jeden Einheimischen, von dem ich annehmen konnte, daß er sich mit der Geschichte der Kirche – eine Kathedrale, wie ich inzwischen wußte – auskannte. Doch ich fand niemanden, der von einer geheimnisvollen Vergangenheit der ehemaligen Insel Trogir[2] etwas wußte oder mir etwas zu den Templern, Johannitern oder Maltesern sagen konnte, die hier ihre »Duftmarken« hinterlassen hatten.

Dem Umstand, daß Trogir über viele Jahrhunderte Bischofssitz gewesen war, maß ich damals noch keine besondere Bedeutung bei. Dabei konnte sicherlich auch diese Tatsache erklären, warum man sich hinsichtlich eines Geheimnisses um die Kathedrale von Trogir so wenig auskunftsbereit gab. Schließlich gehörte das Städtchen 1989 noch zum kommunistischen Jugoslawien, so daß ich möglicherweise auch aus politischen Gründen ausweichende Antworten erhielt.

So wurde mir auf meine Fragen hin erklärt, daß es sich bei dem »Grab des Johannes« in der Kathedrale von Trogir um die letzte Ruhestätte des Heiligen »Johannes von Ursini« handele, der die Gemeinde im Jahr 1062 n.Chr. gegründet habe.

Wie ich mich entsinne, akzeptierte ich diese Erklärung nur sehr widerwillig. Traf sie zu, so folgerte ich, dann mußte dieser Johannes von Ursini eine herausragende Persönlichkeit der katholischen Kirche gewesen sein, die insbesondere in der Kreuzfahrerbewegung eine bedeutende Rolle gespielt hatte. Immerhin weist die Jahresangabe 1062 in die Zeit der ersten Kreuzzüge. Warum also war ich dann bei meinen anderweitigen Recherchen niemals auf Johannes von Ursini gestoßen? Tatsächlich hatte ich von diesem scheinbar so bedeutenden Heiligen bis dato nie auch nur ein Sterbenswörtchen gehört.

Wege zur Heiligkeit

Die verschiedenen Klassen der Heiligen entwickelten sich in den ersten 500 Jahren des Christentums. Anfänglich verehrte man jene, die zusammen mit Jesus gewirkt und später seine Ideen verbreitet hatten. Hierbei nahm man an, daß sie dem Vorbild Jesu gefolgt und folglich dem Gottessohn besonders ähnlich geworden waren.

Kriterien für solche Jesusnachfolge waren zum einen Verkündigung und Begründung des Christentums, zum anderen die Todesart der Heiligen, für die einzig ein Märtyrertod als angemessen galt.

Heilige »erster Klasse«

Hierzu zählen Apostel, die eines gewaltsamen Todes gestorben waren, sowie spätere Märtyrer, die für den Glauben an Jesus mit dem Tod gebüßt hatten. Die Verehrung der Märtyrer erlebte vornehmlich im 3. Jahrhundert eine wahre Blütezeit; allerdings waren viele angebliche Märtyrer in Wahrheit internen Machtkämpfen und Säuberungen innerhalb der Gemeinden zum Opfer gefallen.

Legenden vom vorgeblichen Märtyrertod eines Apostels sollte man mißtrauen, solange nicht außerchristliche Dokumente ein tatsächlich gewaltsames Ende des betreffenden Jüngers bestätigen. Nachdem die Nachfolger von Petrus und Paulus einmal übereingekommen waren, daß Heilige »erster Klasse« notwendigerweise für ihren Glauben mit dem Leben gebüßt haben mußten, wurden die Biographien potentieller Heiliger in den folgenden Jahrhunderten geradezu gewohnheitsmäßig in diese Richtung umgefälscht.

Ironischerweise dürften aber bereits die Märtyrertode von Heiligen der ersten Stunde, denen man die Biographien der späteren Würdenträger anzupassen versuchte, größtenteils auf propagandistischer Mystifikation beruhen. Das gilt höchstwahrscheinlich auch für die angebliche Kreuzigung Jesu selbst: Vieles spricht dafür, daß der Religionsstifter keineswegs hingerichtet wurde, sondern Jahrzehnte später im heutigen Frankreich hochbetagt starb.[3]

Heilige der »Standardklasse«

Lange Zeit war die Verehrung der einzelnen Heiligen auf die Gemeinde beschränkt, in der sie gewirkt hatten und/oder gestorben waren. Ausnahmen waren die Apostelfürsten Petrus und Paulus, der frühe Märtyrer Stephanus und Johannes der Täufer, die von Anfang an von der römischen Gesamtkirche liturgisch verehrt wurden. Bereits aus der Frühzeit der Kirche stammt der liturgische Brauch, die Heiligen am Jahrestag ihres Todes zu ehren, und zwar an ihrem Sterbeplatz bzw. am Grab. Aus diesen drei Elementen – aus ursprünglich lokaler Verehrung der Heiligen, gesamtkirchlicher Verehrung der großen Apostel und Märtyrer sowie aus dem Brauch der Verehrung an den Gräbern – wurde die bis heute gepflegte Sitte: Die Feiern zu Ehren der Heiligen entwickelten sich zum flächendeckenden und Ländergrenzen überschreitenden System.

Damit war freilich auch ein Übel begründet, das in der katholischen Kirche bis heute makabre Blüten treibt: der Reliquienhandel, also das Verschachern angeblicher oder – schlimmer noch – tatsächlicher Fragmente der sterblichen Überreste eines Heiligen, dessen Gebeinen man so im Namen Gottes die letzte Ruhe verwehrt.

Abbildung 1:
Die Kathedrale von
Trogir

Abbildung 2:
Dieses Geheimzeichen
der Templer besagte für
den Eingeweihten: Dies
ist ein Ort mit einem Ge-
heimnis.

Abbildung 3: Der linke Seitenaltar in der Kathedrale von Trogir ist mit Geheimsymbolen übersät.

Ich blieb also skeptisch hinsichtlich der vernommenen Erklärung, die Kathedrale von Trogir sei die letzte Ruhestätte des Johannes von Ursini. Und so nahm ich die Spur jenes ominösen Johannes von Trogir auf – eine Spur, die mich zu einem der spektakulärsten und am besten gehüteten Geheimnisse der Christenheit führen sollte. Als erstes schrieb ich auf der Rückseite einer alten Restaurantrechnung die ominöse Inschrift aus der Kathedrale von Trogir in die Schablone des »Strahlenden Bechers«:

Text		Auswertungen		
C O R	1	CRONNS UNTUM		
P U				
S		OPUS		DISPUO
D I		ADIS		
O A N	2			
N I S	3			
H I			I HIC	HICIN
C		ENIC		
I N				
V E N	4			
T U M	5	U		U

Wer zum ersten Mal eine solche Buchstabenanordnung sieht, wird eher verwirrt denn durch Erkenntnis erlöst sein. Das kundige Auge jedoch erblickt insgesamt vier Lesarten, von denen zwei vordergründig wirken.

Ehe ich die Lesarten im einzelnen aufführe, noch eine Anmerkung zur Technik des Auslesens der Schablone des »Strahlenden Bechers«: Zu dieser altkirchlichen Geheimtechnik gehört, daß man die sogenannten Dreier-Bänke (vgl. die mit 1–5 gekennzeichneten Zeilen) auf einen »inneren Sinn« untersucht. Im mittelalterlichen Sprachgebrauch verstand man unter einer solchen »Bank« eine Zeile mit Buchstaben; eine Dreier-Bank waren demzufolge jeweils drei Buchstaben in einer Zeile.

Bei dieser Praxis muß man, solange man nicht die vollständige Buchstabenformel vor sich hat, auch mit etwas Phantasie Naheliegendes ergänzen, um zu erkennen, worum es insgeheim geht – wobei als »naheliegend« allerdings nur gelten darf, was zu den vor Ort gegebenen Umständen paßt.

In unserem Fall mußten sich alle imaginären Ergänzungen folglich mit der Aussage vereinbaren lassen, die offen zu lesen war:

> CORPUS D.　　　IOANNIS　　HIC INVENTUM
> *Körper göttlichen　Johannes　hier enthalten*

In meine Suchernase stach mich seinerzeit der Umstand, daß meine erste Auswertung einiger besonders ins Auge fallender Silben (teils vorwärts, teils rückwärts gelesen) folgendes ergab:

> **CORPUS D.**　　　**IOANNIS**　　HIC **INVENTUM**
> COR[AM]: *vor aller Augen, angesichts*
> IS: *derselbe; er, der Genannte*
> NEV: *und nicht*
> MUT: *geborgt, geliehen*

Frei übertragen lautete der Spruch demnach:

> **Vor aller Augen (ist es) der Genannte und nicht der Geliehene.**

Wie ich mich erinnere, konnte ich dieser dunklen Sentenz zunächst nur (oder immerhin) entnehmen, daß sich hier vor aller Augen die Beerdigungsstätte von Johannes befand – und zwar »des Johannes« und nicht eines anderen Johannes, der seinen Namen von ihm geliehen bzw. sich nach ihm benannt hatte.

Damit hatte ich die Fährte aufgenommen. Wer sonst sollte »der Johannes« sein, wenn nicht der Apostel gleichen Namens und einer der ersten Anhänger Jesu? Schließlich hatten in der Tat alle, die sich nach ihm Johannes nannten, diesen Namen gleichsam für ihr Leben geliehen.

Der Anker der Christenheit

Durch die ersten Indizien mehr und mehr elektrisiert, setzte ich meine Arbeit in der kühlen Kirche fort. Um einen versteckten Sinn in der geheimnisvollen Inschrift zu enthüllen, einen Hinweis, der mich womöglich zu einem veritablen Schatz führen würde, versuchte ich damals, den steinernen Spruch auch rückwärts zu lesen. Nur wenn mir das gelang, konnte ich sicher sein, daß Unbekannte hier vor Jahrhunderten mit Bedacht zu Werke gegangen waren und kein bloßer Zufall mir einen Streich spielte.

Also las ich die Inschrift rückwärts und erhielt folgende Komponenten:

Mutu **en** **signo**[4] **ancor**
Sprachlos *siehe* *Zeichen* *Anker*

Frei übertragen schien die Botschaft nun zu lauten:

Bist du sprachlos? Schau auf das Zeichen des Ankers.

Ich muß allerdings zugeben, daß ich in jenem Augenblick weder sprachlos war noch weit und breit einen Anker zu entdecken vermochte. Ich wollte einen Schatz finden und keinen Anker – es sei denn, das Zeichen des Ankers markierte die Stelle, wo der Schatz verborgen war.

Also suchte ich die gesamte Kirche nach einem Anker ab, konnte aber keinen finden. Nun gut, dachte ich darauf, Trogir verfügt über einen Hafen, also wird dort der Anker zu suchen sein. Das würde bedeuten, daß der Schatz an einem Ankerplatz oder an einem Denkmal mit einem Anker lag, vielleicht auch in der Nähe eines Gebäudes, das irgend etwas mit einem Anker zu tun hatte.

Mittlerweile hatte draußen die erbarmungslose Sommersonne ihren Zenit überschritten, ein leichter Wind kam auf, und wir konnten es wagen, die kühle Kirche wieder zu verlassen. Meinen Zettel mit den Entschlüsselungsversuchen verstaute ich in der Tasche, und schon flanierten wir wieder in den engen, malerischen Gassen des Städtchens Trogir, auf der Suche nach einem Café. An einem der nächsten Tage wollte ich wiederkommen, auf der Halbinsel nach dem Anker suchen und die Kirche ausgiebig fotografieren. Dieses authentische Material würde ich zu Hause gründlich untersuchen, da ich aus Erfahrung wußte, daß man oft nachträglich Details entdeckt, die das Auge im ersten Moment übersieht.

Doch der Urlaub ging zu Ende, ohne daß ich den Anker gefunden hätte. So mußten wir ohne Schatz nach Hause ziehen, wo uns der Alltag erwartete und gleich wieder mit Beschlag belegte. Erst Monate später kam ich dazu, meine Materialien von Trogir näher zu analysieren.

Aufs neue elektrisiert, gab ich alle Texte, die ich in der Kirche von Trogir fotografiert hatte, in meinen Computer ein. Mit Hilfe eines speziellen Programms konnte ich alle Varianten mittelalterlicher Schreibweisen, die damals in der katholischen Kirche verwendet wurden, binnen kurzem ausprobieren. Die Resultate dieser Entschlüsselung ließen meinen Atem stocken: Unter anderem lieferten sie mir den Hintergrund für den ominösen »Anker« und veranlaßten mich, nun mit aller Energie dem Geheimnis von Trogir nachzuforschen.

Verfolgen Sie jetzt Schritt für Schritt mit mir, was ich mit Hilfe bewährter Schablonen aus den gefundenen Inschriften herauslas.

Entschlüsselung mit dem »Strahlenden Becher«

Als erstes untersuchte ich nochmals den Spruch, der in den Boden der Kathedrale gemeißelt ist und – wie gesagt – lautet:

CORPUS D. IOANNIS HIC INVENTUM
Hier befindet sich der Körper des heiligen[5] Johannes

In die Schablone des »Strahlenden Bechers« geschrieben und nach den Regeln der Kunst ausgelesen (Sie erinnern sich), lauteten die Botschaften wie folgt:

Vorwärts:
Vor aller Augen. Er ist's, der Genannte, und nicht der Geliehene.
Rückwärts:
Bist du sprachlos, schau auf das Zeichen des Ankers.

Als ich seinerzeit nach dem Zeichen eines Ankers suchte, hatte ich den Anker eines Schiffs vor Augen. Nun aber dämmerte mir, daß in diesem urchristlichen Kontext unter dem »Anker« ein ganz anderer Gegenstand zu verstehen war – ein Gerät, ein »Etwas«, welches das Aussehen eines Ankers besaß: Als »Anker« umschrieben diejenigen, die diese Inschrift in den Boden der Kathedrale von Trogir meißeln ließen, nichts anderes als das Kreuz Jesu!

Warum aber, werden sich nun manche meiner Leser fragen, machten sich die Autoren dieses mysteriösen Spruchs solche Mühe, selbst in der Geheimschrift noch ein Geheimnis zu wahren?

Nach meiner Ansicht versuchten die Urheber der Inschrift im Gegenteil, ihre Formel so zu gestalten, daß der Bibelkundige zweifelsfrei identifizieren konnte, was insgeheim gemeint war. Denn laut Neuem Testament fand sich zusammen mit Maria nur ein einziger Johannes unter dem Kreuz ein – eben jener Lieblingsjünger Jesu, den zahlreiche Kreuzigungsszenen gemeinsam mit Maria, Maria Magdalena und dem gekreuzigten Christus darstellen.

Die Botschaft lautete also:

Hier sind die Gebeine des Lieblingsjünger Jesu, des Apostels, Bischofs und Evangelisten Johannes verwahrt.

Warum aber in Trogir? Und warum machte die katholische Kirche ein solches Geheimnis um dieses Grab?

Indessen warf meine Entschlüsselung der Inschrift nicht nur Fragen auf. Sie erklärte andererseits, warum – ausweislich der vielen Markierungen im Gemäuer der Kathedrale – Kreuzritter, Johanniter und Templer dort im Mittelalter so aktiv gewesen waren.

Entschlüsselung
mit der Rautenschablone

Eine bewährte Regel besagt, daß man einen alten Text grundsätzlich bis zum letzten Buchstaben mittels der vier wichtigsten Schablonen untersuchen soll. Manches wird übersehen, wenn man sich nicht an diese Regel hält – eine Weisheit, die sich auch in diesem Fall bewahrheitete: Schon die Anwendung meiner nächsten Untersuchungsmethode, Kennern bekannt als »Rautenschablone«, signalisierte mir, daß in der Kathedrale von Trogir für die katholische Kirche höchst gefährlicher Explosivstoff »neutralisiert« worden war.

Durch Auslesung der Rautenschablone erhielt ich Ende 1989 folgende Resultate:

1. Zeile				2. Zeile		
CORPUS D.IOANNIS				HIC INVENTUM		
C	U	O		H	N	T
O R	S I	N N	I S	I C	V N	U M
P	D	A		I	E	

Mit geübtem Auge erkennt man sofort, daß die Variante nach der rautenförmigen Schablone eine gut lesbare Mittelzeile ergibt:

C	U	O		H	N	T
O R	S I	N N	I S	I C	V N	U M
P	D	A		I	E	

Nach offizieller Lesart befindet sich in der Kathedrale von Trogir das Grab des Heiligen Johannes von Ursini. Diese Auskunft erhielt ich seinerzeit vom örtlichen Stadtpfarrer, und sie läßt sich in jedem Reiseführer nachlesen. Auf den ersten Blick scheint unsere Untersuchung mit der Rautenschablone diese Lesart sogar zu unterstützen: Warum sollte nicht irgendein gelehrter Mensch mit Buchstaben gespielt und jenen Johannes von Ursini (ursprünglich »Orsinni«) auf so nette Art auch insgeheim geehrt haben?

Doch auf diese Weise konnte man natürlich nur solche Sucher blenden, die allenfalls oberflächliche Kenntnis mittelalterlicher Verschlüsselungsmethoden erworben hatten. Das traf jedoch auf mich nicht zu, der ich mit der Technik vieldeutiger Verschlüsselung schon damals wohlvertraut war. Also forschte ich weiter – und fand so überwältigende Bestätigungen für die zu Anfang entschlüsselte Botschaft,[6] daß ich mich entschloß, im Jahr darauf erneut nach Trogir zu reisen, um die fehlenden Puzzlestücke zu suchen. Nicht zuletzt faszinierte mich hierbei die Tatsache, daß die Methode der altkirchlichen Geheimschrift, die ich von Nostradamus her kannte, auch an Orten wie Trogir praktiziert worden war.

Zu der geplanten zweiten Reise kam es im Jahr 1990 allerdings nicht mehr, da sich die Ereignisse im damaligen Jugoslawien immer mehr überschlugen und schließlich zu dem uns bekannten Blutbad und den menschlichen Tragödien führten, die weltweit Empörung und Mitgefühl auslösten.

Rückkehr nach Trogir

Erst im Jahr 1997 war ich auch innerlich wieder bereit, meine damals in Trogir begonnene Arbeit zu Ende zu führen. Diesmal flog ich in Begleitung eines sachkundigen Katholiken und ehemaligen Franziskanermönchs nach Kroatien, dem ich von meinen damaligen Funden und Vermutungen berichtet hatte. Lag dort in der Kathedrale tatsächlich Johannes, der Lieblingsjünger Jesu, begraben? Und wenn ja: Warum machte der Vatikan ein solches Geheimnis darum, was genau wurde dort verleugnet und vertuscht?

Schon am ersten Abend in Trogir hatten wir ein Schlüsselerlebnis, das auch bei meinem Begleiter alle etwaigen Zweifel zerstreute. Nachdem wir in der einzigen Herberge am Ort – dem Hotel Concordia, einem ehemaligen Bruderschaftshaus von Seeleuten – eingecheckt hatten, wollte mein neugieriger und erwartungsvoller Begleiter unbedingt noch schnell einen Blick in die Kathedrale werfen. Mir erging es nicht anders, und so schlenderten wir mit kleiner Fotoausrüstung zur Kathedrale, die in der Tat gerade geöffnet war.[7]

Schon auf den ersten Blick sah ich, daß sich praktisch nichts verändert hatte, seit ich zum letzten Mal hier gewesen war. In dieser verwunschenen Kathedrale schien die Zeit nach wie vor stillzustehen.

Niemanden wird es sonderlich überraschen, daß ich meinem Begleiter als erstes jene Inschrift, den Körper des Johannes betreffend, zeigte. Dann gingen wir zur Johanneskapelle hinüber, wo mein Gefährte ehrfurchtsvoll zurückblieb, während ich den geheimnisvollen Seitenaltar mit den merkwürdigen Symbolen in Augenschein nahm, der mich schon 1989 so fasziniert hatte. Sinnend stand ich davor, auf Lichtblitze der Erkenntnis hoffend, als mein kundiger Begleiter aufgeregt auf mich zueilte und rief (eine Szene, die ich nie vergessen werde): »Kommen Sie, das müssen Sie sehen! Die haben hinter den Sarkophag des Johannes Jesus gestellt, der auf ihn blickt!«

Und mit der wissenden Autorität des ehemaligen Mönches fügte er hinzu: »Das hätten sie niemals machen dürfen, wenn es sich um einen gewöhnlichen Heiligen handeln würde.«

Noch heute wirft er mir vor, daß ich auf seinen Geistesblitz unwirsch geantwortet hätte: »Sie stören mich beim Nachdenken!«

Doch dann ließ ich mich überreden, folgte ihm mürrisch – und erstarrte vor Erstaunen!

Kein Zweifel: So versteckt, daß man ihn vom Eingang der Kapelle kaum sehen konnte, stand dort eine Statue Jesu, der auf den Marmorsarkophag des Johannes schaute und wies. Rechts von ihm befand sich eine weitere Gestalt, die wir als Johannes den Täufer identifizierten, der seinerseits auf Jesus zeigte. Links von ihm stand Mutter Maria, auch sie Jesus leicht zugewandt.

Weshalb man Jesus vom Eingang der Kapelle aus kaum erkennen kann, ist rasch erklärt: Der Sarkophag des Johannes ist so hoch im Raum aufgebahrt, daß er die dahinter stehende Figur verdeckt. Darum war mir die Messiasstatue 1989 auch nicht aufgefallen. Nun aber drängte sich mir die Frage auf: Konnte es Zufall sein, daß der Sarkophag Jesus so diskret abschirmte – *Zufall* in einer so sehr auf Wirkung berechneten Dekoration? Überdies schien von der Decke der Kapelle Gottvater persönlich auf den Sarkophag hinabzusehen![8]

»Soviel Ehre für einen gewöhnlichen Heiligen – ausgeschlossen!« bekräftigte mein Begleiter und fügte hinzu:»Diese Dekoration, wie wir sie hier sehen, wäre nur dann stimmig, wenn tatsächlich der Apostel Johannes hier ruht.«

Meine Laune hatte sich schlagartig gebessert, der unergründliche Altar war vergessen, mein Jagdfieber erwacht. Hat mich mein»Riecher« also doch nicht getrogen, dachte ich – auf den ersten Blick hatte mein kundiger Begleiter weitere Indizien gefunden, die im Grunde nur den einen Schluß zuließen: Hier mußte in der Tat der Apostel Johannes begraben sein!

Unsere Arbeit der folgenden Woche finden Sie in diesem Buch in Text und Bildern dokumentiert. Wir blieben insgesamt sieben Tage in Trogir und Umgebung, wo wir auch Kontakt zu Dominikanern, Benediktinerinnen, Archäologen, Institutsleitern, Museumsdirektoren und vielen anderen Kennern und Spezialisten aufnahmen. Ein junger Einheimischer, zugleich Fahrer und Dolmetscher, begleitete uns auf unseren Recherchen.

Allerdings nannten wir, und das mögen uns die Beteiligten verzeihen, niemandem den wahren Grund unserer Recherche. Nur so konnten wir vermeiden, daß man uns gefilterte Informationen zuspielte, um uns zu entmutigen und durch scheinbare Gegenbeweise von unserer Hypothese abzubringen. So bin ich auch überzeugt, daß bis zum Erscheinen dieses Buches wohl kaum einer in Trogir von dem Geheimnis wußte, das seit den ersten Tagen der Christen in diesem Städtchen und in Salona bewahrt wird.[9]

Die Wahrheit über Johannes

Dieses Buch ist der erste Schritt zur Enthüllung der vollen Wahrheit zu Person und Werk von Johannes – des Lieblingsjüngers Jesu, welcher der römischen Fraktion von Petrus und Paulus im Ringen um die Entwicklung der christlichen Kirche und die Statthalterschaft Christi unterlag und dessen Lehre und Wirken seither von der Kurie systematisch verfälscht und vertuscht werden.

Eines Tages wird die ganze Wahrheit zugänglich werden: Man wird sie in einem von außen mit Pech bestrichenen Tonkrug finden, der irgendwo nahe Trogir oder dem heutigen Split in einer unzugänglichen Felsgrotte versteckt ist. Dieser Tonkrug enthält die Originale der von Johannes selbst verfaßten Schriften, seine Lehre, sein Weltbild und den Bericht von seiner Zeit als Jünger Jesu.

Als einziger Beweis der Echtheit dieser Dokumente ist diesen Schriften ein Ring beigelegt – ein gelb-brauner Ring, nicht aus Gold, nicht aus Kupfer, sondern aus einem anderen Material, das nicht oxydieren kann. Diesen Ring hat Johannes zeitlebens getragen.

Woher ich das alles weiß? Lernen Sie, die Geheimschriften der katholischen Kirche zu lesen!

2
Das Geheimnis

Die Kathedrale von Trogir ist die Grabeskirche des Evangelisten, Apostels und ersten Bischofs von Salona,

Johannes.

Eine Inschrift auf einer Marmorplatte im Boden der Kathedrale markiert die Stelle, an der sein Leichnam beigesetzt worden ist:

CORPUS D. IOANNIS
HIC INVENTUM

Der Körper des heiligen Johannes befindet sich hier.

Für diese Wahrheit und zugleich Botschaft verbürge ich mich.

Manfred Dimde
15. Januar 1998

Abbildung 4: Die Johanneskapelle von Trogir mit dem Sarkophag des Johannes, des Lieblingsjüngers Jesu

Johannes von Ursini mußte sich opfern,
damit die Wahrheit vor aller Augen
sichtbar blieb,
aber nicht für jedermann erkennbar war.

Abbildung 5: Die Inschrift auf dem Boden der Kathedrale von Trogir

Die erste geheime Botschaft

Da man in der Kathedrale von Trogir auf Schritt und Tritt auf das Rautensymbol trifft, sieht sich der Kundige förmlich gedrängt, den oben abgebildeten Text in der Schreibweise der rautenförmigen Schablone auszulesen. Beim Betreten der Kirche signalisiert schon das Westportal (siehe Abbildung 6), daß hier mit der geheimen Kunst der rautenförmigen Schablone gearbeitet wurde.

CORPUS D. IOANNIS HIC INVENTUM   Textinschrift
Der Körper des heiligen Johannes befindet sich hier.

C	U	O		H	N	T
O R	S I	N N	I S	I C	V N	U M
P	D	A		I	E	

Text in Geheimschrift

ORSINNIS   IC UNUM   (Orsinni = Johannes)
Orsinni   *99* *eins*   die geheime Botschaft[10]

Frei übertragen lautet die erste Botschaft:
Der Leichnam des heiligen Johannes ist hier im Jahr 99 n.Chr. als Orsinni begraben worden.

29

Die zweite geheime Botschaft

Wenn man den durch die rautenförmige Schreibweise entstandenen Mittelbalken rückwärts liest, erhält man die zweite Botschaft. (Man beginnt in diesem Fall in der ersten Raute von links nach rechts zu lesen: Auf RO folgt MU usw.)

ROMUNUCISINNIS   die geheime Botschaft

ROM:::::::::::::::::INNIS
Rom   eingeweiht

::::::::::UNU CIS:::::::::::
einzigartig diesseits

Frei übertragen lautet die zweite Botschaft:
Rom (ist über den/das) Einzigartige(n) diesseits eingeweiht.

Erläuterung der Geheimbotschaften

Dem arglosen Besucher, der die Inschrift CORPUS D. IOANNIS HIC INVENTUM in der Bodenplatte der Kathedrale als Klartext liest, teilen die Urheber mit, daß sich just an dieser Stelle in Trogir die ursprüngliche – das heißt die erste – Grabstätte des Johannes befunden habe.

Entziffert man den Text als katholische Kirchengeheimschrift, so erhält man eine erste diskrete Botschaft: Verschlüsselt teilen die Autoren mit, daß derjenige, den man als Orsinni (woraus später Ursini wurde) verehrt, jener Einzigartige sei, der in der »ersten 99« nach christlicher Zählung[11] beigesetzt wurde. Die »erste 99« nach Christus ist das Jahr 99.

In einer zweiten Botschaft wird der Leser der Geheimschrift informiert, daß Rom in das Geheimnis um diesen »Einzigartigen«, der sich »diesseits« (der Adria) befinde, eingeweiht sei.

Dem der katholischen Geheimschrift mächtigen Leser – meist handelte es sich wohl um hohe Würdenträger, um Äbte, Generalvikare, Bischöfe oder Kardinäle – signalisierte dies, daß für ihn kein Handlungsbedarf bestand, er also weder aufgerufen war, den Heiligen Stuhl zu informieren, noch gar, auf eigene Faust diese Stätte zu zerstören: Sie existierte mit geheimer Billigung, wenn auch ohne offizielle Kenntnis Roms. Auf diese Weise wurde möglicherweise auch dem jeweiligen Bischof von Trogir (später Split) versichert, daß diese Mysterien mit Wissen der Kurie bestünden – Geheimnisse, in welche die örtlichen Bischöfe nicht einzuweihen man unter Umständen vorzog.

Wenn die Grabstätte des Apostels Johannes in Trogir mit Wissen Roms bestand (wovon ich überzeugt bin), dann müssen zwangsläufig auch in den Archiven des Vatikans Beschlüsse hinterlegt sein, die diese Angelegenheit betreffen. Da das Wissen um die kirchliche Geheimschrift in heutiger Zeit nicht mehr auf die hohen Würdenträger beschränkt ist, sondern mehr und mehr auch Laien bekannt wird, die ihrerseits in den Annalen der letzten Jahrtausende nachzulesen vermögen, geht die Ära der Geheimniskrämerei um Jesus, Johannes und die anderen Urchristen so oder so allmählich zu Ende, und eine Zeit der Entdeckung verborgener Wahrheiten steht bevor.

Ob das im Sinne der Geheimnisverwalter, der Verleugner und Vertuscher ist?

3
Fälschen, ohne das Seelenheil zu verspielen

Um zu verstehen, was sich in den letzten 1900 Jahren in Trogir sowie in den Bergen und auf den Inseln rings um Trogir abgespielt hat, muß man sich mit einer Verheißung des Neuen Testaments befassen. Genauer gesagt: mit den Prophezeiungen zum Jüngsten Gericht, demjenigen Augenblick, in dem sich entscheiden soll, ob dem Betreffenden ein Leben im Himmel gewährt oder er mit einem Aufenthalt in der Hölle bestraft wird. Unsere Altvorderen haben diese Ankündigung der Urväter der christlichen Weltanschauung sehr ernst genommen. Schon um ihre Handlungsweise zu verstehen, sollten auch wir die Vorstellung des Jüngsten Gerichts mit dem gebührenden Ernst betrachten.

Wer Todsünden beging oder gegen die Gebote Gottes lebte, mußte mit entsprechender Bestrafung rechnen. Das betraf zunächst den gewöhnlichen Sterblichen, der geboren wurde und aufwuchs, heiratete, Kinder aufzog und schließlich nach einem mehr oder weniger langen Leben ins Grab sank, um auf den verheißenen Tag seiner Auferstehung zu warten. Dann würde über ihn gerichtet werden, wobei die metaphysische Gesetzeslage durchaus eindeutig war.

Denn für die einfachen Gläubigen, also auch für den niederen Klerus, galt unverbrüchlich: Nicht zu wissen hieß, in der betreffenden Sache unschuldig zu sein. Diese Rückversicherung für ihr Seelenheil schlossen die Mönche und Nonnen aller Zeiten ab, die sich in einem Kloster einem »dienenden« Leben verschrieben. Oftmals konnte also Unwissenheit sehr bequem und zugleich eine Gewähr für das eigene Seelenheil sein: Wenn man sich beim Jüngsten Gericht auf einen anderen Menschen – zum Beispiel einen Lehrer, Vorgesetzen oder ein Idol – berufen und erklären könnte, daß dieser seiner Informationspflicht nicht nachgekommen sei oder falsche Lehren verbreitet bzw. falsch unterwiesen habe, so wäre man selbst von persönlicher Schuld befreit.

Bei denjenigen aber, die sich zu Lebzeiten auch mit der Unterweisung der Gläubigen, mit der Weitergabe der christlichen Lehre beschäftigt hatten, lagen die Dinge komplizierter. Wenn man nämlich in der Funktion des religiösen Weisers Verantwortung für die anvertrauten Gläubigen tragen mußte, so würde sich erst durch die Verhandlung vor dem Jüngsten Gericht erweisen, ob man diese Pflicht gemeistert hatte, ohne das eigene Seelenheil zu gefährden.

Heutzutage können wir uns in solche Nöte nur noch mit Mühe hineinversetzen und uns vorstellen, daß und wie sich verantwortungsbewußte Glaubenslehrer aus diesem Dilemma herauszuwinden versuchten. Dagegen achtete über viele Jahrhunderte – im Mittelalter und noch in der Renaissance – ein jeder peinlich darauf, zwar Kaiser und Papst zu dienen, aber trotz dieser Abhängigkeit seine persönliche Ausgangslage am Tag des Jüngsten Gerichts nicht zu verschlechtern. Das irdische Leben war so mühselig und jammerbeladen, daß fast allen nur diese eine Hoffnung blieb: nach dem Jüngsten Tag in eine bessere Welt überzugehen.

Auch die hochehrwürdigen geistlichen Herren unserer Tage machen sich wohl nur noch wenige Gedanken darüber, daß gerade sie aufgrund der ihnen zur Verfügung stehenden modernen Informationsmöglichkeiten im höchsten Maße riskieren, beim Finale des christlichen Szenarios, am Jüngsten Tag, verdammt zu werden: Auf unwissend und folglich auf unschuldig können sie schwerlich plädieren; kein »Hochwürden« der heutigen Zeit kann sich damit verteidigen, daß er »von nichts gewußt« habe.

Zumindest die niedrigeren kirchlichen Funktionäre können möglicherweise argumentieren, daß sie die Bedeutung des Wissens, an dem sie teilhatten, nicht verstanden hätten. Ob das Jüngste Gericht solche opportunistische »geistige Trägheit« allerdings strafmildernd veranschlagt, muß dahingestellt bleiben. Die hohen und höchsten kirchlichen Würdenträger aber werden am Tag des Jüngsten Gerichts wohl ohne Zweifel die volle Verantwortung für ihr Tun und Lassen übernehmen müssen – diejenigen, die vor einem Jahrhundert oder Jahrtausend gelebt haben, ebenso wie jene, die nach uns leben und lehren werden.

Denn wissen und verstehen hieß und heißt für alle Zeiten, verantwortlich zu sein und Verantwortung tragen zu müssen. Damit begann in der Vergangenheit für Kundige, die in Geheimnisse der Kirche eingeweiht waren, das persönliche Problem: Einerseits mußten sie, um des kirchenpolitischen Kalküls willen und aus Pflicht zum Gehorsam gegenüber vatikanischen Vorgesetzten, Wahrheiten vertuschen, wenn die Kurie dies befahl. Andererseits aber wußten sie, daß eine höhere Instanz sie dereinst zur Rechenschaft ziehen würde – ein Dilemma, in das viele Tausende kirchlicher Amtsträger immer wieder gerieten und noch heute geraten.

Erst vor diesem Hintergrund lassen sich auch die Vorgänge um das Grab des Johannes in Trogir richtig begreifen. Nur im hier skizzierten Kontext können wir verstehen, in welchem Dilemma sich die eingeweihten Christen vor Ort befanden: In voller Kenntnis der Wahrheit um das Grab des Johannes mußten sie mehrfach – das letzte Mal vor rund 550 Jahren – versuchen, diese Wahrheit nach den Anweisungen des Vatikans zu vertuschen, ohne sie aber zugleich offen zu verleugnen und damit ihr eigenes Seelenheil zu verspielen.

Von der Kunst, geheime Botschaften zu übermitteln

Bis heute ist die Diplomatie berühmt – oder berüchtigt – für ihre Kunst, etwas zu sagen, aber zwischen den Zeilen eine ganz andere Botschaft mitzuteilen. Zur Zeit Ludwig XIV. etwa wurde diese Kunst geradezu zum Kult erhoben, mit der Folge, daß man in der absolutistischen Epoche an allen Höfen Europas Französisch sprach. In diesem Idiom ließen sich Worte mit Doppelsinn so geschickt wählen oder scheinbar harmlose Worte so betonen, daß sie einen geheimen Nebensinn erhielten. So konnte man Bosheiten austauschen, ohne dafür in den Kerker geworfen zu werden, Frieden fordern und zugleich Krieg oder Kabale schüren und manch subtile Schandtaten mehr.

Warnung

Liebe Leser, diese Warnung ist keine Satire, sondern sehr ernst gemeint: Zu Risiken und Konsequenzen dieses Buches können Sie keinen Pfarrer oder Bischof, weder Kardinal noch Papst befragen. Für Ihr ewiges Leben in Seligkeit sind Sie allein verantwortlich. Bevor Sie dieses Buch lesen, sollten Sie sich daher vor Augen führen:

- Sofern die herrschende kirchliche Lehre von Petrus und Paulus voll und ganz zutrifft, ändert sich für Sie durch die Lektüre dieses Buches überhaupt nichts: Sie lesen es durch und entscheiden für sich, daß der Inhalt nicht richtig ist. Falls alles andere in Ihrem Leben stimmt, erlangen Sie schließlich die verheißene Seligkeit.
- Sofern die herrschende kirchliche Lehre zwar nicht zutrifft, Sie jedoch das vorliegende Buch nicht gelesen haben, ändert sich gleichfalls nichts für Sie. Dann können Sie vor das Tribunal des Letzten Tages treten und glaubhaft machen, daß Sie Ihren Lehrern[12] gefolgt seien. Diese haben dann die Verantwortung für Sie zu tragen.
- Falls aber die herrschende kirchliche Lehre nicht zutrifft und Sie das vorliegende Buch zwar lesen, dann jedoch für sich entscheiden, daß der Inhalt nicht richtig sei, tragen Sie für sich selbst die volle Verantwortung – und das in einem Ausmaß, das Ihre heutige Vorstellungskraft höchstwahrscheinlich übersteigt. Vor dem Jüngsten Gericht könnte man Ihnen dann vorwerfen, daß Sie die Wahrheit gekannt und wider besseres Wissen geleugnet haben!

Um kein Risiko für Ihr Seelenheil einzugehen, sollten Sie daher als römisch-katholischer Petrus/Paulus-Christ[13] dieses Buch nicht lesen.

Das wichtigste Vorbild für die Diplomatensprachen dürfte die Kirchensprache gewesen sein. Lange vor Ludwig XIV. wurde sie in den Klöstern entwickelt und von der Kurie praktiziert.

Weniger bekannt, wenn auch kaum weniger bedeutsam ist die doppelsinnige Bildersprache, die findige Maler gebrauchten, um geheime Botschaften in ihren Gemälden zu transportieren. Im Auge des Unkundigen entsprachen solche Werke der gängigen und obrigkeitlich genehmen Weltanschauung, doch bei näherem Hinsehen zeigten sich Auffälligkeiten, die nur der Arglose etwa auf künstlerischen Dilettantismus des Malers zurückführte. Tatsächlich aber hatte der vermeintlich ungeschickte Maler die scheinbar mißglückten Gegenstände auf seinem Gemälde mit geheimen Bedeutungen aufgeladen, die der Eingeweihte zu entschlüsseln verstand.

So bedeutete beispielsweise ein mit Wasser gefülltes Glas »volles Leben«. Ein leeres Glas dagegen repräsentierte »ein Leben mit Problemen«. Und ein umgestürztes Glas verwies auf den Tod – dies auch (oder gerade) dann, wenn das restliche Gemälde nur so vor Lebensfreude sprühte.

Ein anderes Beispiel für solche bildliche Verschlüsselungstechnik ist in diesem Buch dokumentiert (siehe Abbildung 11, S. 66): In dem Gemälde, das den heiligen Johannes von Ursini abbildet, sind zwei Personen in einer dargestellt, und zwar auf eine Weise, daß der unkundige Betrachter an einen künstlerischen Patzer glaubt. Tatsächlich aber hat der Maler in diesem scheinbar mißglückten Gemälde eines der explosivsten Geheimnisse der Christenheit verschlüsselt dargestellt.

Das Wort ist die Wahrheit

Über die technischen Möglichkeiten, hintersinnige Gemälde zu schaffen, verfügten jedoch nur wenige Könner. Gängiger war es daher, im geschriebenen Wort geheime Botschaften zu verschlüsseln. Tatsächlich diente vor tausend und noch vor fünfhundert Jahren die Schrift in einem heute kaum mehr vorstellbaren Maß als wich-

36

tigste Plattform für Bedeutungsschmuggel, Vertuschung und Fälschungen. Auch wenn noch heute häufig von der »Macht des Wortes« die Rede ist – vor einem Jahrtausend war es eine wahrhaft furchtbare Macht, vor der die Welt zitterte.

Das setzte natürlich voraus, daß die Masse der Menschen weder schreiben noch lesen konnte, also nicht imstande war, die Schriftzeichen zu reproduzieren. Solange das Volk in solcher Unwissenheit verharrte, konnten diejenigen, die diese Kunst beherrschten, Macht einfach dadurch ausüben, daß sie sich mittels Lesen und Schreiben untereinander verständigten. Wenn es um weltliche Angelegenheiten ging, machten sie von dieser »Geheimwaffe« reichlich und rücksichtslos Gebrauch. Doch hinsichtlich der kirchlichen Lehre trugen sie auch Verantwortung und wußten sehr wohl, was sie sich um ihres Seelenheils willen versagen mußten: die offene Verleugnung und Verfälschung von Wahrheiten, die und deren Bedeutung ihnen bekannt waren.

Daher unterwarf man sich noch im Mittelalter einem Ehrenkodex, der forderte, daß alle die kirchliche Lehre betreffenden Texte »absolut wahr« sein mußten. War sich der Schreiber in diesem heiklen Punkt nicht ganz sicher, so stellte er seinem Text einen entsprechenden Hinweis voran.

Auch von der Bürde dieses Amtes – des Schreibers, gar des Autors – in alten Zeiten können wir uns heute kaum mehr eine Vorstellung machen: Urheber einer Schrift zu sein, bedeutete unendlich viel mehr, als lediglich Leser zu informieren, geschweige denn, sie zu unterhalten. Wer es wagte, eine Schrift religiösen oder philosophischen Inhalts zu verfassen, beugte sich zugleich stillschweigend der Pflicht, dereinst gemeinsam mit jedem seiner Leser vor dem Jüngsten Gericht aufzutreten und sich dort dem Vorwurf zu stellen, daß etwaige Verfehlungen des Lesers durch die Lektüre gerade dieses Buches ausgelöst worden seien.

Über Jahrhunderte führten die Bibliothekare in den Klöstern akribisch Buch darüber, wer, wann und wie lange welche Texte in welchen Büchern gelesen hatte, die im Verdacht standen, das Seelenheil zu gefährden. Diese Praxis sollte später die Inquisition befähigen nachzuprüfen, ab wann und durch welchen Text der

Angeklagte zum Ketzer geworden war und sein Seelenheil verspielt hatte.

Kurz gesagt: Im ersten Jahrtausend der christlichen Zeitrechnung und noch darüber hinaus war – zumindest nach offiziellem Dogma – Geschriebenes mit »der Wahrheit« identisch. Aus dieser Periode stammt die noch heute von manch einem geteilte Überzeugung, daß die Bibel eben »Heilige Schrift« sei, also die Wahrheit und nichts als die Wahrheit enthalte.

Die Geheimschrift des Vatikans

Doch dann ging mit Erfindung der Buchdruckerkunst die Ära des Abschreibens von Büchern und Texten zu Ende, da die Schriften in der »Gutenberg-Galaxis« nun in größerer Zahl hergestellt werden konnten. Aber noch in dieser Zeit verbürgten sich besonders verantwortungsvolle Autoren mit ihrer Originalunterschrift und gestanzten Siegelpapierchen auf der Titelseite ihrer Bücher für die Wahrheit ihrer Schrift. Damit folgte man unter geänderten technischen Bedingungen weiterhin dem alten Brauch, nach dem der Schreiber und selbst der Kopist mehr oder weniger sichtbar den aus seiner Feder stammenden Text signierte.

Indessen gab es bereits im Mittelalter zwei Klassen von Schriftkundigen: die einen, die sowohl lesen als auch schreiben konnten, und die anderen, die lediglich in die Kunst des Lesens eingeweiht worden waren. Letztere dienten der persönlichen Bequemlichkeit der Machthaber. Man konnte sie gefahrlos als Verkünder schriftlicher Botschaften benutzen, beschränkte aber die Macht, die von der Kunst des Schreibens ausging, weiterhin auf einen kleinen Kreis. Umgekehrt konnten so jene, die des Lesens, nicht aber des Schreibens kundig waren, sicher sein, keine Schuld auf sich zu laden und folglich ihr Seelenheil nicht zu riskieren, welche Verfälschungen der betreffende Text auch immer enthalten mochte.

Dieses Spiel mit der Macht, welche die Schriftkunst verlieh, geriet jedoch langsam, aber sicher außer Kontrolle, indem mehr und mehr Mönche in die Kunst des Schreibens eingeweiht wurden, da man eine steigende Zahl von Kopisten benötigte. Obwohl die vervielfältigten Bücher, Schriftrollen und Pergamentblätter keiner »Öffentlichkeit« (die es noch nicht gab) zugänglich gemacht wurden, sondern nur in und zwischen den Klöstern zirkulierten, ließen sich in der Folge weder diese Schriftstücke selbst noch gar die Schriftkunst als solche dauerhaft auf einen inneren Zirkel beschränken.

Denn wer in die Kunst des Schreibens eingeweiht war, hielt sich nicht unbedingt sklavisch an die Forderung, lediglich als Kopist tätig zu sein, sondern ging früher oder später dazu über, Gleichgesinnten insgeheim schriftliche Nachrichten zu senden. Auch mißfiel es den höheren geistlichen Chargen, daß immer mehr einfache Mönche nun die Schriftstücke lesen konnten, welche die Eminenzen einander vertraulich zukommen ließen. Dies war die Geburtsstunde einer mittelalterlichen kirchlichen Geheimschrift.

Indessen hatten schon die ersten römischen Petrus/Paulus-Christen über eine Geheimschrift verfügt. Als Grundlage diente ihnen die lateinische Sprache,[14] wobei sie in äußerlich unauffällige Texte geheime Botschaften einwoben – etwa nach dem Muster der Rautenschablone, die wir oben zur Entschlüsselung der geheimen Botschaft von Trogir angewendet haben.

Die Kreuzritter
und die griechische Häresie

Die Entwicklung, daß mehr und mehr Menschen lesen und schreiben lernten, war jedoch nicht mehr aufzuhalten. Im Gefolge der Kreuzzüge brachten die überlebenden Ritter überdies Gerüchte und Informationen nach Europa, das Urchristentum und die neutestamentarischen Schriften betreffend, die in Griechisch niedergelegt waren. Diese häretischen Informationen bekämpfte der Vatikan im Namen Gottes mit Dolch und Gift in allen Häfen des Mittelmeers. In sämtlichen Hafenstädten Italiens meuchelten Häscher und Späher des Papstes zurückkehrende Kreuzritter und deren Gefolge. Die italienischen Häfen konnte man damals nahezu lückenlos überwachen, an der französischen Küste verblieben jedoch Schlupflöcher, so beispielsweise in St. Gilles, von wo aus die Häresie zu wuchern begann.

Dieser Entwicklung vermochte der Vatikan in den folgenden Jahrhunderten kaum mehr Herr zu werden. Ungeachtet römischen Argwohns wurde die griechische Sprache im Verlauf der Renaissance in Europa wieder gesellschaftsfähig. An der Pariser Sorbonne konnte man zeitweise sogar Griechisch studieren. Indem sich die Kunst, die Schriften der alten Griechen zu lesen und zu studieren, neuerlich ausbreitete, eröffnete sich den Kundigen auch der Zugang zu den griechischen Texten des Neuen Testaments – eine Entwicklung, die den römischen Klerus in neue Schwierigkeiten stürzte. Spätestens zu Beginn des 16. Jahrhunderts mußten sich die vatikanischen Geheimnisträger etwas einfallen lassen, um sowohl die Geheimsprache der Kirche als auch deren Geheimnisse selbst vor unbefugtem Zugriff zu bewahren.

Besonders heikel war wohl, daß Verfälschungen griechischer Quelltexte der Christenheit ruchbar zu werden drohten. Überdies entdeckten die des Griechischen Kundigen, daß die Christen der Antike über ein geheimes Informationssystem verfügt hatten. Diese Entdeckung scheint im Vatikan einen gewaltigen Schock ausgelöst zu haben. Jedenfalls wies Papst Leo X. damals die Gläubigen an, alle in ihrem Besitz befindlichen Bücher über die jeweiligen Diözesen nach Rom zu schicken.

Dort begannen Sprachkundige, darunter auch Leonardo da Vinci, fieberhaft nach irgend etwas Mysteriösem zu suchen – wonach, das ist bis heute ein Geheimnis des Vatikans. Wir haben jedoch gute Gründe zu der Annahme, daß man seinerzeit nach Texten zu den wahren Anfängen des Christentums forschte. Und die steinernen Zeugnisse eines bedeutenden Teils dieser Wahrheiten befinden sich noch heute in Trogir.

4
Zur Technik altkatholischer Geheimschriften

Wer sich für die Kunst altkirchlicher Verschlüsselung von Botschaften interessiert, sollte nicht damit rechnen, daß er in Klosterbuchhandlungen entsprechende Lehrbücher findet. Daher gebe ich an dieser Stelle einige Hinweise auf die Codierungsmethoden und möchte im übrigen meine Leser ermutigen, selbst Erfahrungen im Entziffern alter Kircheninschriften zu sammeln.

Wer in der Antike geheime Botschaften in seinen Texten transportieren wollte, wählte die Worte so, daß sie auf insgesamt vier verschiedene Weisen gelesen werden konnten und jedesmal einen anderen Sinn ergaben. Um dieses »heidnische« System auch für den Christenmenschen akzeptabel zu machen, erklärte man die vier Schablonen kurzerhand zu symbolischen Entsprechungen der vier Evangelisten und ihrer Schriften im Neuen Testament. In der Kathedrale von Trogir begegnet uns eine dieser Schablonen, die Rau-

Abbildung 6: Im Chorgestühl der Kathedrale findet man auffällige Rautenmuster.

41

Abbildung 7: Auch das Westportal der Kathedrale von Trogir ist mit Rauten verziert.

te, auf Schritt und Tritt – etwa am westlichen Eingangsportal, in den Verzierungen des Chorgestühls oder des Schranks in der Sakristei. Überdies bediente man sich häufig des Systems der vorangestellten Anmerkung, die dem Kundigen signalisierte, daß im nachfolgenden Text geheime Botschaften verborgen waren. Auch dieses System läßt sich in Trogir nachweisen.

Ein Beispiel: Schreibt man die Buchstaben der Floskel AVE MARIA in Rautenform, und zwar in der Reihenfolge, in der sich Katholiken rituell bekreuzigen, so erhält man:

```
A        A
V E      R I
M        A
```

Wie leicht zu erkennen, erscheint hier im Mittelfeld das Wort VERI, das sich mit etwas Phantasie zu VERITAS (*Wahrheit*) ergänzen läßt. Wollte der Urheber der Geheimbotschaft also tatsächlich VERITAS ausdrücken, so mußte er dem AVE MARIA ein weiteres Wort hinzufügen, das sowohl zum Klartext paßte als auch in der geheimen Lesart die gewünschte Wortergänzung lieferte. Beispielsweise bot sich hierfür das Wort MATER (*Mutter*) an. Als Verfasser der Geheimbotschaft mußte man nun die Buchstaben A und T in MATER so in die Schablone falten, daß der gewünschte Effekt sichtbar wurde:

```
M        R
T A
E
```

Lesen wir die so angeordneten Buchstaben der Worte AVE MARIA MATER nach der Rautenschablone aus, so erhalten wir:

```
A        A     M     R
V E      R I   T A
M        A     E
```

Im Mittelbalken steht jetzt VERITA – eine hinlänglich genaue Annäherung an die gewünschte Geheimbotschaft VERITAS. Erst nun beginnt das eigentliche Auslesen des Textes:

- Liest man die Mittellinie aus, indem man mit dem letzten Buchstaben der Zeile beginnt, gefolgt vom ersten, zweiten Buchstaben usw., dann ergibt sich AVE RIT (*Gegrüßt sei der Ritus*): Gemeint wäre hier wohl der »Ritus«, der sich durch Auslesen nach dem System AVE MARIA ergibt.
- Was könnte AAMR MAE bedeuten, die beiden Zeilen über bzw. unter VERITA?
- Oder soll vom dritten Buchstaben der ersten Zeile aus gelesen werden: M A A M A E R ?

Darüber hinaus ergeben sich noch etliche weitere Kombinations- und Decodierungsmöglichkeiten, die man teilweise nur durch geduldiges Tüfteln erschließen kann. Da es bei diesem Beispiel vor allem darum ging, dem Leser einen allgemeinen Eindruck von der Technik antiker Verschlüsselung zu geben, brechen wir unseren Exkurs hier ab und kehren nach Trogir zurück, wo die echten Inschriften an und in der Kathedrale unserer Entschlüsselungskünste harren.

5
Wie der Vatikan die Wahrheit von Trogir vertuschte

Indem sich im Zuge der Renaissance die Wahrheit um das Grab des Johannes in der Kurie verbreitete, stand man auch im Vatikan vor der drängenden Frage: Wie konnte man die Wahrheit von Trogir fälschen und vertuschen, ohne seinerseits am Tag des Jüngsten Gerichts zu ewiger Verdammnis verurteilt zu werden? Immerhin ging es in Trogir nicht um irgendeinen Johannes, sondern um den Apostel Jesu, der mit dem Messias am Tisch gesessen und gegessen hatte und der sogar – so die offizielle Lehre – einst gemeinsam mit Maria am Kreuz Jesu stand.

Ohne jeden Zweifel war allen, die in Sachen Trogir zu entscheiden hatten, die herausragende Bedeutung des Johannes bewußt. Und ebenso steht außer Zweifel, daß sie die Frage ihrer persönlichen Verantwortung vor dem Jüngsten Gericht außerordentlich ernst nahmen. Alles, was sie uns in Trogir hinterlassen haben, spricht für diese Annahme! Wir müssen sogar vermuten, daß die oberen Hierarchien des Vatikans, bis hin zum damaligen Papst, bereits zu einem sehr frühen Zeitpunkt eingeweiht waren.

Aus Gründen, die ich in den folgenden Kapiteln ausführlich darlegen werde, kam es für den Vatikan nicht in Betracht, die Gläubigen schlicht mit der Wahrheit zu konfrontieren und demnach zu offenbaren: Dort liegt er begraben, der Lieblingsjünger Jesu, die einstmals größte Hoffnung und strahlendste Gestalt der Christenheit. Statt dessen galt es also, um der bestehenden Machtorganisation der Kirche willen die Wahrheit zu vertuschen – ohne jedoch Johannes seiner Ehre zu berauben, indem man offen die Wahrheit leugnete. Nachdem den kirchlichen Würdenträgern das Geheimnis um Johannes in Trogir bekannt geworden war, wurde die dortige Kathedrale folglich im 15. Jahrhundert so umgestaltet, daß sie sowohl den vordergründigen Widmungen und Inschriften als auch deren geheimen Bedeutungen und Botschaften entsprach.

Was wußte die Kurie um 1450
von dem Geheimnis
um Johannes?

Rekapitulieren wir zunächst, was die Eingeweihten vor Ort und in Rom vor dem Bau der Johanneskapelle in der Kathedrale von Trogir gewußt haben dürften.

1. In Trogir waren die Gebeine des Johannes begraben, der dem unmittelbaren Kreis um Jesus angehörte.
Hieraus erwuchs dem Vatikan ein erstrangiges Problem: Laut Neuem Testament hatte Jesus diesen Mann zu seinem Nachfolger ernannt, indem er ihn seiner Mutter Maria als Sohn zuwies. Johannes war somit zumindest eine Art Stiefbruder Jesu, folglich bedeutsamer als Petrus und erst recht gewichtiger als Paulus, der Jesus nicht persönlich gekannt haben konnte.

2. Die Geschichte um die sterblichen Überreste des Johannes war in griechischer Sprache dokumentiert.
Abschriften kursierten im Untergrund und wurden von denjenigen gehütet, die sich zu Johannes und nicht zu Petrus und Paulus bekannten.

3. Der römische Kaiser Diokletian hatte Johannes (um 295 n.Chr.) im heutigen Split eine Residenz in Form einer Stadt Gottes gebaut.

4. Es existierten weitere Dokumente, die gleichfalls die Grabstätte des Johannes in Trogir belegten.
(Heute ruhen diese Dokumente in den Archiven des Vatikans.)

Wie sollte die Kurie in dieser heiklen Lage vorgehen? Immerhin stand nicht weniger als ein Kernstück römisch-katholischer Überlieferung und damit die Macht des Vatikans auf dem Spiel!

Über welche Reaktionsmöglichkeiten verfügte der Vatikan?

Grundsätzlich kamen folgende Varianten in Betracht: Man konnte
- die sterblichen Überreste des Johannes nach Rom holen,
- seine Gebeine außerhalb Roms in Italien beisetzen,
- alle materiellen Zeugnisse in Trogir zerstören und/oder die Grabstätte einebnen,
- die Gebeine des Johannes in Trogir belassen und dort Vorkehrungen zu seiner Verehrung treffen.

Das Für und Wider dieser Möglichkeiten könnte in vatikanischen Geheimprotokollen etwa mit folgenden Argumenten diskutiert worden sein:

1. Möglichkeit: Offizielle Überführung der Gebeine des Johannes nach Rom
Diese Maßnahme hätte die Gefahr einer Kirchenspaltung vergrößert. Wer auch immer mit den amtierenden Nachfolgern von Petrus und Paulus nicht zufrieden wäre, könnte fortan zum Lieblingsjünger Jesu wechseln und damit Papst und Rom die Gefolgschaft verweigern. Hierdurch wäre die Einheit der Kirchenmacht ernsthaft gefährdet worden.
Daher entschied man sich, die sterblichen Überreste des Johannes nicht nach Rom zu holen.

2. Möglichkeit: Offizielle Beisetzung der Gebeine des Johannes in Italien, aber außerhalb Roms
Dieser Plan bestand offenbar in der Tat: Seinerzeit sollte in Siena ein würdiger Dom zu Ehren Johannes' errichtet werden. Wie aus den Bauplänen hervorgeht, hätten die Ausmaße des Doms von Siena sogar die des römischen Petersdoms übertroffen – sofern das toskanische Bauwerk vollendet worden wäre.
Aber Rom gebot der Johannesbewegung in Siena mit inquisitori-

scher Strenge Einhalt. Die Glaubenswächter, die den italienischen Johanneskult zerschlugen, werden heute als Heilige gefeiert – eine ehrenvolle Einschätzung, die vor dem Jüngsten Gericht möglicherweise nicht standhalten wird.

Der Dom von Siena jedenfalls wurde nie vollendet. Ironischerweise wurden Büsten der geistigen Väter dieses Doms – allesamt römische Päpste, die bis zur Bauzeit des Doms regierten – rundum im Kirchenschiff aufgestellt. Sie alle blicken bis heute aus ehrwürdiger Höhe hinab – vermutlich just zu der Stelle, wo der Sarkophag des Johannes aufgestellt worden wäre. Doch dieser Platz ist leer, so daß die Heiligen Väter ins Nichts starren.

Auch dieses mutmaßliche Detail seinerzeitiger Rachestrategien zeigt, wie fanatisch die Fronten verteidigt wurden. Übrigens, Siena stellte, solange es über politische Macht verfügte, auch die Bischöfe von Trogir ...

3. Möglichkeit: Einebnung der Grabstätte und/oder aller materiellen Zeugnisse in Trogir

Obwohl sich der Vatikan definitiv gegen die Möglichkeit entschieden hatte, die sterblichen Überreste nach Italien zu holen, schreckte man anscheinend auch vor der drakonischen Variante zurück. Das zeigt uns die Geschichte von Trogir, und angesichts der Explosivkraft des dort verborgenen Geheimnisses fällt es schwer, für diese Zurückhaltung andere Motive als persönliche Angst vor Hölle und Verdammnis zu finden. Man könnte auch sagen, daß die im Vatikan für das heikle Mysterium Verantwortlichen angesichts der Gebeine des Lieblingsjüngers Jesu eine Art frommer Scheu empfanden – womit aber im wesentlichen derselbe Tatbestand ausgedrückt ist.

4. Möglichkeit: Verehrung des Johannes in Trogir

Heute wissen wir, daß sich der Vatikan für diese Lösung entschied. Allerdings mochte man nur eine »stumme Verehrung« des Johannes zulassen: Niemand in Trogir sollte das Grab des Evangelisten und Lieblingsjünger Jesu als solches sehen, erkennen und verehren. Zu offener Verehrung konnte sich der Vatikan wohl schon deshalb

Abbildung 8: Der Dom von Siena. Der Kundige erkennt, daß in diesem Bauwerk die Mathematik Gottes verwirklicht werden sollte.[15]

nicht durchringen, weil Trogir als Stätte eines Johanneskultes zu einem – neben dem Petersdom – zweiten überaus heiligen Platz der Christenheit geworden wäre und so die Gefahr einer Kirchenspaltung heraufbeschworen hätte.

Also entschied man sich für eine »diplomatische« Lösung von so sophistischer Subtilität, wie sie wohl nur das späte Mittelalter und die Renaissance hervorzubringen vermochten: Man beschloß, das Grab mit allem dekorativen Pomp zu versehen, der dieser überragenden Gestalt der Christenheit gebührte. Im übrigen aber wurden die Informationen vor Ort so verschlüsselt, daß nur der Kundige sie zu entziffern vermochte – und ohne weitere Lösungsversuche wurde das Gesamtproblem »Johannes« den nachfolgenden Generationen vererbt.

Stumme Verehrung

Kaum zeichnete sich ab, daß man die Gebeine des Johannes nicht nach Italien holen konnte, da begannen die Eingeweihten in Trogir, seine Grabstätte auszubauen. Pragmatisch konzentrierte man sich nun auf die Frage, wie sich die »stumme Verehrung« des Johannes in die Praxis umsetzen ließ. Hierfür bediente man sich einfach eines »heiligen Strohmannes« – jenes imaginären Johannes, der noch nach heutiger Lesart in der Kathedrale von Trogir begraben liegen soll.

Nach herrschender Lehre waren die Apostel automatisch als Bischöfe anzusehen – folglich wurde jener »Johannes von Orsinni« zum »ersten Bischof von Trogir« ernannt. Nun benötigte man noch ein würdiges Grab für den zugleich zu verbergenden und zu verehrenden Johannes – und so wurde ab 1468 die Johanneskapelle in der Kathedrale von Trogir erbaut.

Angesichts der prunkvollen Johanneskapelle und des würdevoll ausgestalteten Grabes würde natürlich jeder Besucher fragen, wer dieser Johannes sei. Um in diesem Punkt keinerlei unerwünschte Gerüchte aufkommen zu lassen, stattete man Johannes mit dem Beinamen »von Orsinni« (später Ursini) aus. Dieser erfundene –

genauer gesagt: erlogene – Beiname war die einzig »rauhe« Stelle in dieser überaus glatten Mystifikation.

Anhand einer Liste wie der folgenden könnten die Verantwortlichen in Rom überprüft haben, ob alles richtig entschieden und »wasserdicht« umgesetzt worden war:

Offizielle Information	Bewertung
Johannes	Der Name ist authentisch.
1. Bischof von Trogir	Angeblich von 62 bis 99 n.Chr. war Johannes erster Bischof im Raum Trogir (s. S. 63 ff.); auch diese Aussage war folglich keine Lüge.
Heiliger	Als Evangelist und Jünger ist Johannes automatisch Heiliger und in der Allerheiligen-Litanei aufgeführt, also mußte auch Johannes von Orsinni zum Heiligen ernannt werden.

Das Jüngste Gericht tagt

Versuchen wir nun nachzuvollziehen, welche Argumente sich die Drahtzieher dieser gigantischen Camouflage für ihre ultimative Befragung vor dem Jüngsten Gericht zurechtgelegt haben mochten.

Der »Strohmann« oder die »Maske«, mit welcher man den Apostel tarnte, mußte wie dieser selbst Johannes heißen, denn jeder andere Name wäre eine offene Lüge gewesen. Hätte man ihn beispielsweise »Nikodemus von Orsinni« genannt, so hätte die Anklage gelautet: »Dort liegt kein Nikodemus – dort liegt Johannes. Ihr habt gelogen! Ihr habt den Jünger und Evangelisten Johannes verleugnet!«

Auch nachdem die Agenten des Vatikans nun die Mystifikation ersonnen hatten, derzufolge in Trogir ein »Johannes von Orsinni« begraben liege, blieb jedoch die folgende Anklage zu entkräften: »Dort liegt nicht Johannes von Orsinni – dort liegt Johannes, der Apostel und Evangelist!« Und folglich hieße es wiederum: »Ihr habt gelogen! Ihr habt den Jünger und Evangelisten Johannes verleugnet!«

Gegen diese Anklage aber konnte man sich nun viel leichter und erfolgversprechender verteidigen: »Herr, wir haben nicht geleugnet, daß dort Johannes begraben liegt. Wer den geheimen Kirchencode zu entschlüsseln versteht, konnte sofort herauslesen, daß wir mit Orsinni den Evangelisten Johannes meinen – immerhin haben wir auch dessen Todesjahr, 99 n.Chr., korrekt hinterlegt.«

Im übrigen, könnten die Angeklagten hinzufügen, hätte sich jeder rechtschaffene Katholik davon überzeugen können, daß die offizielle Allerheiligen-Litanei der römisch-katholischen Kirche keinen Heiligen namens Johannes von Ursini oder Orsinni kennt. Also hätte jeder, der dies ernsthaft wollte, rasch feststellen können, daß sich hinter den Namen Johannes von Orsinni ein Kirchengeheimnis verbirgt.

»Herr, wir bitten dich, uns nicht für die Dummheit und geistige Trägheit der anderen zu bestrafen!«

Hätte nicht ohnehin jedem guten Katholiken auffallen müssen, daß der ominöse Johannes von Orsinni durch ein Grabmonument ungewöhnlichen Ausmaßes geehrt worden war, ein in der sonst so streng hierarchisierten katholischen Kirche einmaliges Phänomen?

»Herr, wir flehen dich an, uns nicht für die Blindheit der anderen zu bestrafen! Wer will ernsthaft behaupten, daß wir Johannes verleugnet hätten? Johannes ist der Schutzpatron von Trogir. Und haben wir ihn nicht als ersten Bischof von Trogir gewürdigt?«

In der Tat besaß Johannes als Jünger Jesu automatisch auch die Bischofswürde. Wenn er in den Jahren 62–99 in der jüdisch-griechischen Gemeinde von Trogir und vermutlich auch von Salona wirkte, so war er zwangsläufig der erste Bischof von Trogir. Ob er dieses Amt tatsächlich ausgeübt hat, bleibe freilich dahingestellt: Die heute bekannten oder zu erahnenden Bruchstücke seiner Biographie lassen eher vermuten, daß er sich vor den Römern verstecken mußte und daher in einem unbedeutenden Ort Unterschlupf fand.[16]

Betrachten wir nun den Sachverhalt aus der Sicht des Jüngsten Gerichts.

Der Umstand, daß man in der Johanneskapelle den »ersten Bischof« von Trogir verehrte, war nicht zu beanstanden. Tatsächlich konnte es *vor* dem Apostel Johannes dort ja schwerlich einen Bischof gegeben haben.

Wie aber stand es mit der doch offenbar falschen Behauptung, daß es sich bei dem Toten um einen Heiligen namens »Johannes von Orsinni« handle und nicht um den Jünger Jesu?

»Herr«, rufen die Angeklagten flehentlich, »was können wir, als Menschen des 15. Jahrhunderts, dafür, daß auf uns derart ungebildete Generationen folgten? Uns trifft keine Schuld. Haben wir nicht die unmißverständliche Inschrift hinterlassen:

CORPUS D. IOANNIS HIC INVENTUM,

auf daß jeder Schriftkundige herauslesen könne:

C	U	O	
O R	S I	N N	I S
P	D	A	

– oder, kurz gesagt: *Der Körper des Johannes ist derjenige des Orsinni?*«

Ob sich das Jüngste Gericht dereinst durch solche Kasuistik wird beeindrucken lassen, können wir hier und heute nicht entscheiden.

Mit einiger Wahrscheinlichkeit aber glaubten die Agenten des Vatikans, die seinerzeit die Mystifikation in Trogir betrieben, auf diese Weise ihr eigenes Seelenheil gerettet zu haben.

Allenfalls, so wohl das Kalkül, hätte das Jüngste Gericht noch bemängeln können, daß mit jenem Johannes von Orsinni ein vielleicht selig gesprochener (siehe Kapitel 7), aber ansonsten wenig

53

bedeutender Mensch mit allzuviel dekorativem Pomp geehrt worden war.

»Hohes Gericht«, könnten die Angeklagten indessen einwenden, »dem Johannes, den wir meinten, steht diese Ehrung doch ohne Zweifel zu! Verzeiht uns, daß wir ihn nicht noch überschwenglicher ehren konnten!«

Der vatikanische Geheimdienst bewacht das Johannesgrab

Nachdem man sich entschieden hatte, die Grabstätte des Johannes nicht zu zerstören, sondern auf so raffinierte Weise zu tarnen, galt es nun allerdings, das heikle Geheimnis dauerhaft zu bewahren. Zu diesem Zweck knüpfte der Vatikan in und um Trogir systematisch ein Netz kirchlicher Geheimdienstposten: Klöster und Stützpunkte der Dominikaner wurden gegründet, ebenso Klöster der Benediktiner, die dort noch heute präsent sind. Meine Recherchen vor Ort ergaben jedoch, daß die heute in Trogir lebenden Patres, Mönche und Nonnen nichts von dem Geheimnis ahnen – oder schweigen sie wissend, in Befolgung eines mehr als fünfhundert Jahre alten vatikanischen Befehls?

Offiziell wurden damals die zahlreichen Klöster- und Kirchengründungen damit gerechtfertigt, daß in dieser Region eine entscheidende Frontlinie zwischen den großen Glaubensströmungen verlaufe. Tatsächlich waren noch die schrecklichen Ereignisse der letzten Jahre im heutigen Dalmatien zumindest teilweise auf diesen uralten Konflikt zwischen orthodoxen Christen, römischen Katholiken und Muslimen zurückzuführen.

Vermögen diese strategischen Überlegungen aber wirklich zu erklären, daß Rom im direkten Umkreis des Johannesgrabes wahre Burgwälle aus Klöstern und Kirchen errichten ließ? So gab es auf der kleinen einstigen Ziegeninsel Trogir in der Hochzeit nicht weniger als elf Kirchen, im unmittelbaren Umkreis sogar insgesamt 31

Kirchen, Kapellen, Klöster und sonstige Einrichtungen der Kurie. Überdies installierten die Dominikaner ein ausgeklügeltes System zur Bespitzelung der ankommenden und abfahrenden Seeleute. Die Stadttore von Trogir waren in den Nachtstunden von Sonnenuntergang bis gegen sechs Uhr morgens geschlossen. Matrosen nachts eingetroffener Schiffe und andere Seeleute, die dort auf Ladung oder Heuer warteten, hielten sich während dieser Zeit an Aufwärmplätzen auf, die von den örtlichen Dominikanern betrieben wurden. Es handelte sich hierbei um überdachte Feuerstellen auf einem schmalen Pier vor der Stadtmauer, wo die frierenden Männer wartend und plaudernd am Feuer saßen – eine günstige Gelegenheit für die Spione Gottes, die Seeleute, Reisenden und Kaufleute zu belauschen.

Gab es Gerüchte um das prunkvolle Johannesgrab? Munkelten die Reisenden von der wahren Identität des dort Begrabenen? Formierte sich womöglich gar eine Bewegung von Johannesanhängern, die insgeheim einen Schlag gegen die Kurie planten? Die Mönche lauschten diskret – und wir dürfen sicher sein, daß sie so manchen nützlichen Hinweis nach Rom sandten.

6
Die gefälschte Bistumschronik

»Fälschung« ist sicher auch hier ein zu grobes Wort, das die subtilen Mystifikationen nicht angemessen würdigt. Sagen wir also: Die Agenten der Kurie manipulierten und inszenierten, und wenn die Besucher der Kathedrale hieraus die falschen Schlüsse zogen, so hatte man dennoch nicht offen gefälscht, sondern allenfalls erwünschte Irrtümer begünstigt.

Nach der offiziellen Lesart lebte und wirkte ein gewisser Johannes von Orsinni ab dem Jahr 1062 als erster Bischof in Trogir. In der Sakristei der Kathedrale von Trogir befindet sich die Chronologie der Bischöfe dieses Bistums in Form einer »Wappengalerie«.

Arglose Besucher der Sakristei würden in diesen Bildern sicher keine Sensation vermuten und ohne entsprechendes Vorwissen auch keine Spuren einer ungeheuerlichen Mystifikation auffinden können. Aus drei Metern Höhe blicken die Wappen der Eminenzen auf den Betrachter herab. Alles scheint in guter Ordnung und im Einklang mit der Tradition. Doch der Schein trügt.

Die Galerie der Bischöfe von Trogir beginnt mit einem leeren Wappen und dem erläuternden Schriftzug

1 000 N.N.

Als chronologisch nächstes folgt das Wappen des Johannes von Ursini:

1062 S. JOANNES URSINI ROMANUS AN

Als drittes erblickt man ein weiteres leeres Wappen mit dem Schriftzug:

IIVI N.N. TOTALI URBIS
EVERSIONE

Was hat dieses Arrangement zu bedeuten? Scheinbar tut uns die erste Tafel mit der Inschrift »1 000 N.N.« lediglich kund, daß vor dem folgenden Bischof, also vor Johannes von Ursini, irgend jemand, eine noch zu benennende Person (N.N. = »Nomen Nominandi«), die Gemeinde von Trogir geleitet habe. Da die Tafel im Stil der nachfolgenden Bischöfe gestaltet, jedoch ohne Wappen ist, wird suggeriert, daß auch jener Unbekannte (oder jene Unbekannten) den Bischofsrang besaß(en).

Ab dem Jahr 1062, erfährt der Besucher von dem nächsten Wappenschild, habe Johannes von Ursini als Bischof von Trogir amtiert.

Schon das folgende Wappen ist wieder leer, worauf erst ab der Jahreszahl 1130 eine lückenlose Chronologie der Bischöfe von Trogir beginnt.

Noch einmal: Was verrät uns diese unscheinbare und doch höchst sonderbare Wappengalerie?

Allem Anschein nach war das Geheimnis von Trogir Jahrhunderte vor dem Bau der Johanneskapelle schon einmal bekannt geworden.

Wie sonst ließe sich erklären, daß die entlegene Ziegeninsel bereits 1130 zum Bischofssitz wurde? Ob jene ersten Bischöfe von Trogir eher die Aufgabe hatten, das Geheimnis zu bewachen oder den Apostel zu ehren, bleibe dahingestellt. Auch die einzelnen Bischöfe von Trogir sind für uns nicht von Bedeutung. Bezeichnend ist allerdings, daß sie das Privileg besaßen und nutzten, ihre Gebeine in der Kathedrale (bzw. später in der Johanneskapelle) bestatten zu lassen, also nahe bei den sterblichen Überresten des Lieblingsjüngers Jesu.

Inwiefern könnte dieses Arrangement der Bischofswappen unseren Verdacht erhärten, daß hier Ende des 15. Jahrhunderts Agenten des Vatikans fälschten und mystifizierten, um Johannes (den Apostel) als Johannes (von Orsinni oder Ursini) zu tarnen, ohne sich offener Lüge und folglich einer Todsünde schuldig zu machen? Um diese Frage beantworten zu können, muß ich ein wenig ausholen.

Christliche Zeitrechnung

Die Zählung nach Jahren von Jesu Geburt an wurde in der christlichen Welt erst im 6. Jahrhundert eingeführt. In den ersten fünfhundert Jahren nach der Geburt Jesu spielten folglich weder das »Jahr Null« noch künftige Daten wie das Jahr 1000 oder das Jahr 2000 eine Rolle für die Christenheit. Als man sich schließlich entschloß, die christliche Zeitrechnung zu etablieren, wurden die seither verstrichenen Jahre zurück- und umgerechnet – ob richtig oder falsch, brauchen wir hier nicht zu erörtern.

Warum hatte man sich überhaupt entschieden, die römische Zeitrechnung aufzugeben? Ein wesentlicher Grund war sicherlich die christliche Eschatologie, also die Heilserwartung: Jesus hatte seine Wiederkehr angekündigt, und nun galt es vorherzusagen, wann genau er zurückkehren werde.

In den Diskussionen der christlichen Gelehrten jener Zeit setzte sich allmählich die Überzeugung durch, daß ein Äon achthundert Jahre währe. Nach der Meinung etlicher Historiker, der ich im übrigen beipflichte, wurde Karl der Große nicht tatsächlich an Weihnachten des Jahres 800 gekrönt: Die fromme Geschichtsschreibung brachte lediglich die Historie mit dem eschatologischen Kalender in Einklang. Wie hätte sich ein Regent des zerstrittenen Europa jener Zeit besser legitimieren können als durch seine Krönung just in der Geburtsstunde des zweiten christlichen Äons?

Wenig verwunderlich ist daher, daß am Ende dieses Äons, um 1600 n.Chr., eine Weltuntergangshysterie einsetzte, die vor allem in den heutigen Niederlanden ekstatische Erwartung schürte: Nicht wenige Bibelgelehrte hatten errechnet, daß just mit Beginn des dritten christlichen Äons der Messias zurückkehren und folglich diese Welt sich vollenden werde.

Sowenig wie das Jahr 1000 (entgegen zählebigen Gerüchten) im mittelalterlichen Europa Weltuntergangsphantasien entflammte, sowenig schenkt übrigens auch der Prophet Nostradamus dem Jahr 2000 besondere Beachtung. Dagegen spielt in seinen Prophezeiungen just die Zeit um das Jahr 2400 eine herausragende Rolle: Mit Beginn des vierten Äons sieht er eine Wende zum Guten für die

Christen kommen und kündigt für jene Zeit die Geburt eines besonders befähigten Mannes an, der dann die Christenheit befreien, stärken und zu neuer Blüte führen werde.

Auch jene Männer, welche die Sakristei der Kathedrale von Trogir mit den Wappen der örtlichen Bischöfe verzierten, hatten ohne Zweifel mit der Jahreszahl 1000 nicht viel im Sinn. Trotzdem schrieben sie unter das erste Wappen »1 000. N.N.«. Was bedeutet diese Zahl unter dem leeren Wappen? Wenden wir uns, mit einigem Grundwissen zu den christlichen Äonen versehen, wieder den listigen Planern in Trogir zu.

Wann war das Jahr
»1 062«?

Dreh- und Angelpunkt aller Rechen- und Maskierungskünste war auch in Trogir das Jahr der Geburt Jesu.[17] Wenn man den Beginn dieser christlichen Zeitrechnung mit einer Null markiert, wie kann man vor dieser Zäsur liegende Jahresdaten notieren?

Die Lösung, alle Daten vor dem Nullpunkt mit einem Minus (oder »v.Chr.«), alle Daten nach dieser Zäsur mit einem Plus (oder »n.Chr.«) zu versehen, erscheint uns Heutigen vor allem deshalb so plausibel, weil sie unserer Gewohnheit entspricht. Dieses Notationssystem hat sich aber auch aus einem anderen Grund durchsetzen können: da die frühchristliche Rechnung in Äonen à achthundert Jahren heute keine Rolle mehr spielt.

Was aber, wenn man auch diese Zählung in 800er-Einheiten, denen im Dezimalsystem keine auffällige Bedeutung zukommt, berücksichtigen will? Wenn man also auch kalendarisch der frommen Überzeugung Ausdruck verleihen möchte, daß nach dem Jahr 799 mit dem Jahr 800 der zweite Äon nach Jesus beginnt? In diesem Fall bräuchte man ein weiteres Erkennungsmerkmal, an dem sich ablesen ließe, in welchem Äon christlicher Zählung man sich befindet. So könnte man statt »800 n.Chr.« auch »II/000« und statt »801 n.Chr.« ebensogut »II/001« schreiben usw.

Abbildung 9: Die Wappengalerie der Bischöfe von Trogir

Betrachten wir im Licht dieser kalendarischen Varianten nun nochmals die Wappentafeln in der Sakristei der Kathedrale von Trogir: Auf welches Jahr unseres heutigen Kalenders mögen sich wohl die Angaben »1 000« und »1 062« beziehen?

Die erste Wappentafel

Die Angabe unter dem ersten leeren Wappen – »1 000 N.N.« – bezieht sich offensichtlich auf die abweichende Zählung in christlichen Äonen à 800 Jahren. »1 000« meint somit nicht das Jahr 1000 n.Chr., sondern das Jahr 1/000, also das »nullte« Jahr des ersten Äons oder das Geburtsjahr Jesu!

Die zweite Wappentafel

Nicht anders verhält es sich bei der zweiten Wappentafel: Entgegen dem hinterlistig suggerierten ersten Anschein bedeutet »1 062 IO-ANNIS« eben nicht, daß ein gewisser Johannes (von Orsinni) im Jahr des Herrn 1062 zum Bischof von Trogir ernannt wurde, sondern daß ein ganz anderer Johannes eben dieses Amt im Jahr 1/062 übernahm – also im Jahr 62 des ersten Äons oder im 62. Jahr nach Jesu Geburt.

60

»Was können denn wir dafür«, könnten die listigen Täuscher von Trogir vor dem Jüngsten Gericht wiederum anführen, »wenn die Besucher der Sakristei nicht einmal die naheliegende Möglichkeit wechselnder kalendarischer Notationssysteme in Betracht ziehen?«

Die dritte Wappentafel

Die gänzlich leere dritte Wappentafel diente offensichtlich als Puffer oder als – freilich nur für Eingeweihte verständliches – Signal, das besagte: Achtung, hier wird auf die »moderne« Zeitrechnung umgeschaltet!

Die vierte Wappentafel

Das folgende Bischofswappen ist mit der Jahreszahl 1130 versehen, die sich – wie alle weiteren – auf unsere heutige Zeitrechnung bezieht.

Mystifikation und Wahrheit

Was läßt sich aus der Analyse dieser klerikal-kalendarischen Hinterlist ableiten?

Dem äußeren Anschein nach verkünden die Wappen, daß in Trogir um das Jahr 1000 n.Chr. ein unbekannter Bischof amtiert habe, dessen Identität – wie das »N.N.« suggeriert – noch erforscht werden müsse. Im Jahr 1062 n.Chr. sei sodann ein gewisser Johannes von Orsinni zum Bischof von Trogir ernannt worden. Aus Gründen, welche sich sicherlich auch noch klären würden, sei danach abermals eine Lücke aufgetreten, ehe die Bischöfe von Trogir einander ab 1130 in schöner Kontinuität auf dem Bischofsstuhl ablösten.

Insgeheim aber, für den Kundigen, erzählen die nämlichen Wappen eine ganz andere, ungleich sensationellere Geschichte: Danach amtierte Johannes als erster Bischof ab dem Jahr 1/062 = 62 n.Chr. in Trogir. Vor ihm gab es hier keinen Bischof; nach ihm kamen Ungenannte; erst im Jahr 1130 setzt eine regelmäßige Abfolge ein.

Irritierend ist allerdings die Angabe, daß Johannes bereits ab 62 n.Chr. als Bischof von Trogir gewirkt habe. Bisher habe ich keine schriftlichen Belege gefunden, welche die im Wappen gemachte Angabe untermauern könnten. Als Apostel war er, wie gesagt, automatisch Bischof, mußte also nicht eigens ernannt werden. So bleibt uns nur die Vermutung, daß die Agenten der Kurie, die seinerzeit die Wappentafeln arrangierten, über spezielle Informationen zum Wirken des Johannes in Trogir verfügten. Denn warum hätten sie ohne Not ausgerechnet hier zur offenen Lüge greifen sollen, die sie sonst so einfallsreich vermieden?

Da die Inschriften das Jahr 99 als Todesjahr des Johannes nennen, müssen wir folgern, daß der Apostel in der Gegend von Trogir 37 Jahre lang lebte und wirkte.

7
Ein sonderbarer Heiliger: Johannes von Ursini

Akribisch verwaltet die katholische Kirche den Bestand ihrer Heiligen. Für die Stadt Rom und den Erdumkreis allein gültig ist die Liste der Heiligen, die in die Allerheiligen-Litanei aufgenommen sind. Wir finden dort alle Heiligen – jedoch keinen Johannes von Ursini oder Orsinni.

Wie aber ist das möglich? Immerhin wird in Trogir hochoffiziell der Heilige Johannes von Ursini verehrt. Laut Auskunft des amtierenden Stadtpfarres ist niemand anderes als dieser hl. Johannes in der Kathedrale von Trogir beigesetzt.

Und dennoch gibt es in der Liste der Heiligen der römischen Petrus/Paulus-Kirche keinen Heiligen Johannes von Orsinni oder Ursini!

Lügt also der Pfarrer von Trogir – mit Wissen und Duldung seiner Vorgesetzten bis hinauf in den Vatikan? Oder wissen sie alle es nicht besser?

Meiner Überzeugung nach weiß es zumindest der örtliche Pfarrer in der Tat nicht besser. Offenbar hält er es für ausreichend, daß in der Allerheiligen-Litanei nur ein einziger Johannes aufgeführt ist, sicher der würdigste und heiligste Träger dieses Namens – nämlich der Evangelist und Jünger Jesu! Warum also sollte man die Allerheiligen-Litanei um einen weitaus weniger bedeutenden Johannes von Ursini ergänzen?

Ich will nicht so weit gehen zu behaupten, daß jener Johannes von Ursini oder Orsinni niemals existiert hätte, also von den Agenten der Kurie für die frommen Zwecke in Trogir frei erfunden worden wäre. Auffällig ist allerdings, daß einige Quellen, auf die ich bei meiner Recherche in den Archiven gestoßen bin, nicht vom Heiligen Johannes von Ursini, sondern lediglich von einem Seligen dieses Namens sprechen.

Aus alledem läßt sich aber lediglich folgern, daß es einen Johannes von Ursini gegeben haben könnte, der aus irgendwelchen Gründen selig gesprochen wurde – möglicherweise nur deshalb, weil man ihn als »Maske« des Evangelisten Johannes benötigte. So hätte denn Johannes von Ursini ein Opfer erbringen müssen, das mit der Seligsprechung seiner ansonsten unbekannten Person belohnt wurde.

Der zwiegesichtige Johannes

Es gibt etliche Gemälde, die Johannes im Stil der Renaissance als Schutzpatron von Trogir zeigen. Solange der Maler, der den Auftrag bekam, den Schutzpatron zu malen, keine Zweifel an der Identität des Johannes von Ursini hegte, konnte er ohne Zögern und fromme Skrupel den heiligen Mann abbilden, wie Tradition und Zeitgeschmack es von ihm verlangten.

Was aber, wenn ein Maler, der das Geheimnis um Johannes kannte, den Auftrag erhielt, den Heiligen Johannes als Johannes von Ursini zu malen? Offenkundig hat es in Trogir und Umgebung im Lauf der Jahrhunderte immer Hüter des Geheimnisses gegeben. War der betreffende Maler eingeweiht, so drohte auch ihm nichts Geringeres als die Verdammung durch das Tribunal des Jüngsten Tages.

Selbstverständlich durfte er den Apostel nicht als gewöhnlichen Sterblichen in der Montur eines Bischofs malen. Doch die umgekehrte Lösung kam ebensowenig in Frage: Natürlich konnte er den fraglichen Johannes auch nicht mit allen Insignien des Apostels abbilden und darunter »Johannes von Ursini« schreiben.

Sehen wir nun, wie ein Maler hundert Jahre nach Errichtung der Johanneskapelle – und der Ursini-Mystifikation – dieses ethische und zugleich ästhetische Problem löste.

Während der Maler des in Abbildung 10 dargestellten Gemäldes den »Bischof von Trogir« in konventioneller Manier malte, schmuggelte der Künstler des zweiten Gemäldes (Abbildung 11) in die Umrisse der würdigen Patriarchengestalt einen jugendlichen zweiten Johannes hinein: Er malte den Kopf des Johannes sozusagen

Abbildung 10: Johannes von Trogir auf einem Gemälde von Jacopo Piccini (1658), das heute im Stadtmuseum von Trogir hängt.

Abbildung 11:
Johannes von Trogir
auf einem Gemälde
(Ausschnitt) von
Antonio Basso
(1691): Unter den
Barthaaren ist das
zweite Gesicht zu
erkennen.

doppelt, den kleinen zweiten versteckt im Bart des großen ersten Johannes.

Bei genauer Betrachtung erkennt man eine jugendliche Gestalt, deren Kopf durch den Bart des mächtigen Bischofskopfes leicht verdeckt wird. Dieser bärtige Kopf mit der Bischofsmütze und die breite Gestalt mit dem Bischofsmantel sind hier offenkundig wie ein Kostüm, wie eine Maske dargestellt, die den »wahren Johannes« verhüllt. Auf diese Weise drückte der Maler bildlich aus, was wir bereits aus anderen Quellen wissen – etwa aus der Inschrift CORPUS D. IOANNIS HIC INVENTUM:

> Für Johannes, den Jünger des Herrn, trägt ein anderer die Bürde des Geheimnisses bzw. muß hierfür seinen Körper und seine irdische Identität zur Verfügung stellen.

Stumme Verehrung des großen Johannes

Ehe wir uns der Frage zuwenden, welche Anschauungen und religiösen Strömungen sich – vornehmlich in der Antike und in der Renaissance – mit Namen und Person des Apostels Johannes verbanden,
möchte ich meine Leser ermuntern, einen unvoreingenommenen
Blick ins Innere der Johanneskapelle zu Trogir zu werfen. Wo in der

Abbildung 12: Mit dieser in der katholischen Welt einmaligen Kapelle in
der Kathedrale von Trogir wird nicht ein regionaler Heiliger, sondern – still
und heimlich – der Apostel Johannes geehrt.

Abbildung 13: Die Kapelle ist symbolisch in vier »Welten« gegliedert – vom »Himmel« Gottes und der Seraphim bis hinab zur Unterwelt.

Abbildung 14: Gottvater und 96 Seraphim sehen auf den Sarkophag des Johannes herab.

katholischen Welt hätte man je derartigen Prunk zu Ehren eines schlichten Heiligen von allenfalls örtlicher Bedeutung gesehen? Um sich von der ganzen, wahrhaft überwältigenden Pracht zu überzeugen, sollte man persönlich nach Trogir reisen, was heute ja ohne weiteres möglich ist. Ein Wochenende reicht aus. Der Flugplatz, auf dem die Linienmaschinen aus Deutschland kommend landen, liegt keine zehn Kilometer von Trogir entfernt.

Wenn Sie eines Tages dorthin fahren, sollten Sie dieses Buch mit sich führen. Vielleicht entdecken Sie Details, die ich übersehen habe. Achten Sie weniger auf Kunstschätze und Baustile der Kathedrale – schauen Sie auf das Wesentliche! Vergegenwärtigen Sie sich, daß Sie an dem Platz stehen, wo Johannes hochbetagt ins Grab sank. Dieser Ort, der seither immer wieder umgestaltet wurde und heute durch eine Kathedrale überbaut ist, die nicht einmal seinen Namen trägt, wird in Zukunft noch manches Aufsehen erregen.

Die Rose im Namen

Welchen Namen trug nun jener »sonderbare Heilige«, der sich als fromme Maske für den Jünger Johannes opfern mußte – hieß er Johannes »von Orsinni« oder »von Ursini«?

69

Offenbar ist »Orsinni« der ältere Name, aus dem später – durch zweckdienliche Verfälschung – die Variante »Ursini« wurde. Das Original läßt sich in diesem Fall anhand einer winzigen Kleinigkeit, der Umstellung zweier Buchstaben, von der Fälschung unterscheiden: Vertauschen wir bei dem Namen »Ursini« die ersten beiden Buchstaben, so erhalten wir das sinnlose Gebilde »Rusini«. Verfahren wir aber ebenso bei dem Namen »Orsinni«, so beginnt sich vor unseren Augen gleichsam eine Blüte zu öffnen:

ROS INNI

frei übersetzt:

In die Rose eingeweiht

Zu Recht läßt uns diese Zeile an den weltberühmten Roman »Der Name der Rose« denken, in dem es ja desgleichen um Geheimschriften, Ketzerei und mittelalterliche Klöster geht. Während Umberto Eco aber davor zurückschreckte, »Roß und Reiter« zu nennen, befinden wir uns hier auf der Spur authentischer Akteure dieser großen und mörderischen Kirchenkriege, die über das Mittelalter hinaus noch in der Renaissance für Angst und Schrecken sorgten. Im wesentlichen ging es um die Auseinandersetzung zwischen Scholastikern und Gnostikern, in welcher die Scholastiker siegten, hinter denen die römische Petrus/Paulus-Kirche stand. Dagegen rekrutierten sich aus der Johannes-Kirche die Gnostiker – geheimnisumwitterte »Häretiker«, die von der römischen Kurie seit den Anfängen des organisierten Christentums mehr und mehr in den Untergrund abgedrängt worden waren.

Ihr Symbol war die Rose, woraus später ein Emblem mit drei Rosen wurde. »Mathematiker Gottes« nannte man sie, da sie behaupteten, die Existenz Gottes mittels Mathematik beweisen zu können. Sie waren überzeugt davon, daß sich die gesamte Schöpfung in Maß und Zahl ausdrücken ließ und man die verschiedenen Ebenen zwischen Gott und den Menschen klar abgrenzen könne. Grob gesehen standen die Gnostiker der Anschauung nahe, die wir heute als naturwissenschaftlich bezeichnen.

Warum diente den Gnostikern ausgerechnet die Rose als geheimes

Erkennungszeichen? Diese Blume symbolisierte eine auf den kleinsten Nenner zusammengefaltete mathematische Größe, die sich durch kundige Entfaltung zu einer Art naturwissenschaftlicher Geheimlehre der Schöpfung entwickeln ließ – einer Schöpfungsformel, ausgedrückt in mathematischen Gleichungen. In diesem Sinn forderten die gnostischen alten Meister von ihren Schülern, »die Knospe der Rose zum Erblühen zu bringen«: Der Adept mußte, nachdem er das Wissen erworben hatte, nun das Verständnis, die schrittweise Entwicklung der Formeln, erlernen.

Was uns der Name Orsinni – »in die Rose eingeweiht« – bereits vermuten ließ, bestätigt sich auf Schritt und Tritt bei genauerer Untersuchung der Johanneskapelle: Dieses geheime Herzstück der Kathedrale von Trogir ist ein steinernes Lehrbuch der Gnostiker, die den Jünger Johannes als ihren Stammvater und eigentlichen Erben der Lehre Jesu verehrten.[18]

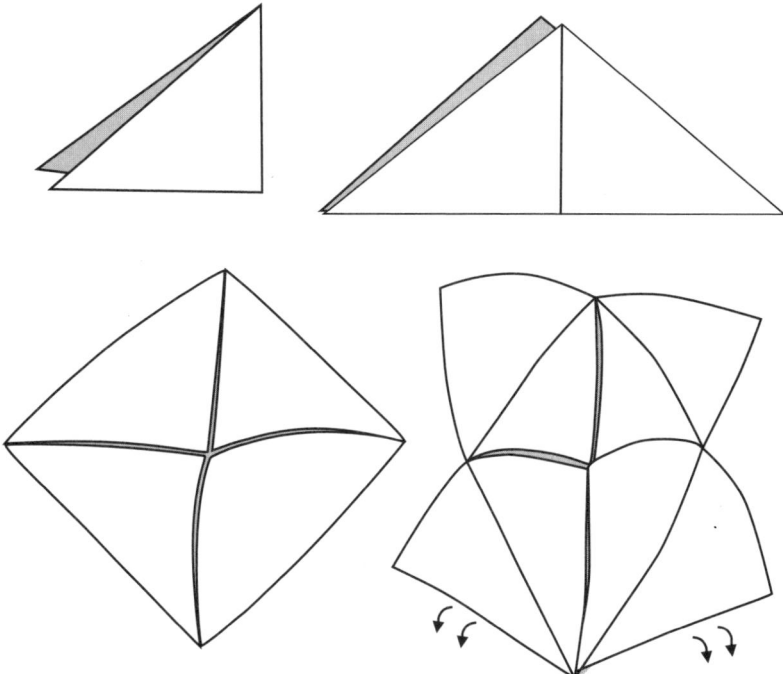

Abbildung 15: Entfaltung der Blütenblätter der Gnosis nach dem vorchristlichen Gnostiker Pythagoras (um 600 v.Chr.).

8
Die Geheimnisse von Trogir auf einen Blick

In diesem Kapitel finden die interessierten Leser eine Zusammenstellung der Informationen, welche die Inschriften der Kathedrale von Trogir, der Johanneskapelle, der Kapelle von Johannes dem Täufer sowie weiterer Bauwerke in der Umgebung von Trogir enthalten.

Um den in diesem Buch verfügbaren Raum nicht mit langwieriger Erläuterung von Ableitungs- und Auslegungsprozeduren zu vergeuden, werden hier lediglich die Ergebnisse des aufwendigen Entschlüsselungswerkes präsentiert. Selbstverständlich habe ich die geheimen Botschaften nach bestem Wissen und mit großer Sorgfalt entschlüsselt, kann jedoch nicht ausschließen, daß ich das eine oder andere Detail übersehen habe.

Ankunft und Wirken des Johannes in Trogir

Der Apostel Johannes gelangte auf dem Seeweg in die Gegend des heutigen Trogir. Wann genau er hier eintraf und zu wirken begann, können wir vorerst einzig dem indirekten Hinweis (»1 062 n.Chr.«) in der Genealogie der Bischöfe von Trogir entnehmen. Sonstige Jahresangaben in den Inschriften verweisen merkwürdigerweise allesamt auf den römischen Kaiser Diokletian, der um 300 n.Chr. nahe dem heutigen Split einen Palast errichten ließ. Beispielsweise liest man »54 Jahre nach Diokletian« oder »241 Jahre nach Diokletian«, wobei vorerst ungeklärt ist, ob sich diese Angaben auf das Ende seiner Regierungszeit als Kaiser oder auf sein Todesjahr beziehen.

Nach seiner Ankunft in der Gegend von Trogir[19] versteckt sich Johannes auf einer Insel in einer Felsgrotte, die nur mit einem Boot zu erreichen ist, denn er wird verfolgt.[20]
Als er geraume Zeit später das Festland betritt, wird er dort von einer griechisch-jüdischen Familie[21] beschützt.
Viele[22] suchen seine Nähe.[23]
Johannes arbeitet am Tempel.[24]
Er unternimmt Reisen.[25]
Es kommt zur Spaltung der Gemeinde,[26] und unter den drei[27] entflammt ein Streit.
In der Einsamkeit schreibt Johannes sein Testament.[28]
Er wird als Römer in der Nähe des Apollobaums und eines Brunnens beerdigt.[29]
Johannes wird kommen, um die vor Gericht zu führen, die gegen ihn gefehlt haben.

Das gemeine Vermächtnis des Apostels Johannes

Nach allem, was uns die verschlüsselten Botschaften verraten, kleidete sich Johannes unauffällig und schmucklos, den römischen Sitten entsprechend, die damals in Dalmatien herrschten. Um so mehr fällt die mehrfache Erwähnung eines einfachen Rings auf, den der Apostel getragen haben soll. Dieser Ring sei nicht aus Gold und nicht aus Kupfer gefertigt, glänzte aber dennoch gelblich-braun. Bei den fanatischen Verehrern des Johannes scheint dieser Ring in den folgenden Jahrhunderten eine zentrale Rolle gespielt zu haben: Wer ihn trug bzw. besaß, galt als einzig legitimer Nachfolger des Apostels.
Die Schriften des Johannes[30] und der besagte Ring wurden nach der Beisetzung des Heiligen einer nicht näher bezeichneten Person zur Obhut übergeben.
Später wurden diese Gegenstände in einer Grotte[31] versteckt und von Einsiedlern gehütet. Zu einem noch späteren Zeitpunkt wur-

den sie nach Salona gebracht, wo man sie erneut in den Bergen verbarg. Dieses Versteck muß von der Basilika (heute eine Ruine) in Salona aus zu sehen gewesen sein.

Zum weiteren Verbleib des Nachlasses gibt es nur noch einen Hinweis, der vermutlich aus dem 15. Jahrhundert stammt. Demnach befinden sich die Schriften des Johannes seither in einer Amphore, die von außen mit Pech bestrichen ist.

Von den Schriften wurden immer wieder Abschriften angefertigt, die Originale aber hat man jedesmal in den Behälter zurückgelegt.

9
War Johannes ein Gnostiker?

Die Gerüchte um eine Verbindung zwischen Johannes, dem Jünger Jesu, und den Gnostikern sind zahlreich und teilweise so alt wie die Christenheit selbst. Ob Johannes ein Gnostiker war, kann man bis heute nur anhand der ihm zugeschriebenen Schriften abschätzen, von denen niemand weiß, ob sie gefälscht oder authentisch, vollständig oder bruchstückhaft sind. Ebenso kann derzeit niemand mit Bestimmtheit sagen, ob Johannes in seiner Gemeinde Trogir bzw. Salona die gnostische Lehre gepflegt, verbreitet oder praktiziert hat – geschweige denn, welche Formeln er als »Mathematiker Gottes« dort gelehrt hat.

Die Gnosis ist, sehr verkürzt gesagt, die Lehre von der Berechenbarkeit der Schöpfung in Maß und Zahl und der Möglichkeit, auf der Basis dieser Resultate auf die nicht berechenbaren Komponenten zu schließen. Wohl jeder ehemalige Gymnasiast erinnert sich aus dem Mathematikunterricht noch an die Floskel »... was zu beweisen war«. Wer aber weiß schon, daß dieses »quod erat demonstrandum« ein Erkennungszeichen der Gnostiker war?

Zumindest seit der Renaissance ist die Rose (später in Form von drei Rosen) das Geheimsymbol der Gnostiker. Die Geheimbünde der Rosenkreuzer, aus denen auch die heutigen Freimaurerlogen hervorgegangen sein dürften, mußten im Untergrund operieren, weil ihr höchstes Ziel, der mathematische Gottesbeweis, von der römischen Petrus/Paulus-Kirche verboten und sie von der Inquisition als Ketzer verfolgt wurden.

Daß der Jünger Johannes selbst mit dem Symbol der Rose als Geheimzeichen operiert hat, scheint mir zweifelhaft zu sein. Dagegen waren ohne Zweifel Gnostiker am Werk, als man ihm in der Renaissance ein Ehrenmal erbaute: In der Johanneskapelle in der Kathedrale von Trogir kündet jeder Stein, jedes Fenster, jede Figur, jedes Detail, soweit sie in den letzten fünfhundert Jahren nicht verändert wurden, von gnostischer Weltanschauung. Daher wäre die Kapelle selbst ohne das Grab des Johannes ein herausragendes Pilgerziel, da es ein einzigartiges Lehrbuch, umfassendes Glaubensbekenntnis und steinernes Archiv der gnostischen »Mathematiker Gottes« darstellt.

Indessen vermag kaum jemand dieses Geheimnis auf Anhieb zu erkennen. Nach zahlreichen Gesprächen mit Kunst- und Stadthistorikern sowie Geistlichen in Trogir und Umgebung muß ich schließen, daß dort seit langem niemand mehr die gnostischen Wurzeln der Johanneskapelle kennt bzw. zu erkennen vermag.

Solange sich der nicht eingeweihte Besucher in der Kapelle oder davor befindet, wird sein Auge von der Fülle der Details verwirrt, ja überwältigt. Der Durchbruch zur Erkenntnis gelingt daher erst am Schreibtisch, bei der nachträglichen Untersuchung der fotografisch dokumentierten Details. Doch nun werden die Konturen des gnostischen Geheimnisses von Trogir, wenngleich noch verschleiert, allmählich wieder sichtbar.

Gnostische Mathematik – ein steinernes Lehrbuch

In Trogir wird Johannes, der Apostel und Evangelist, unmißverständlich mit den Gnostikern in Verbindung gebracht. Möglicherweise hatte ein geheimer philosophischer Zirkel im Mittelalter die Erinnerung an ihn bewahrt, indem man ihn als Patron der Bewegung oder sogar als Lehrer und Weisen verehrte. Die nachfolgend dokumentierten Steinstrukturen in der Johanneskapelle zu Trogir scheinen jedenfalls als gnostisches Lehrbuch konzipiert worden zu sein.

Stellen Sie sich vor, Sie stünden als Schüler der gnostischen Anfangsgründe vor dieser Aufgabe im steinernen Lehrbuch: Jede einzelne Fuge ist Teil einer mathematischen Formel und steht in be-

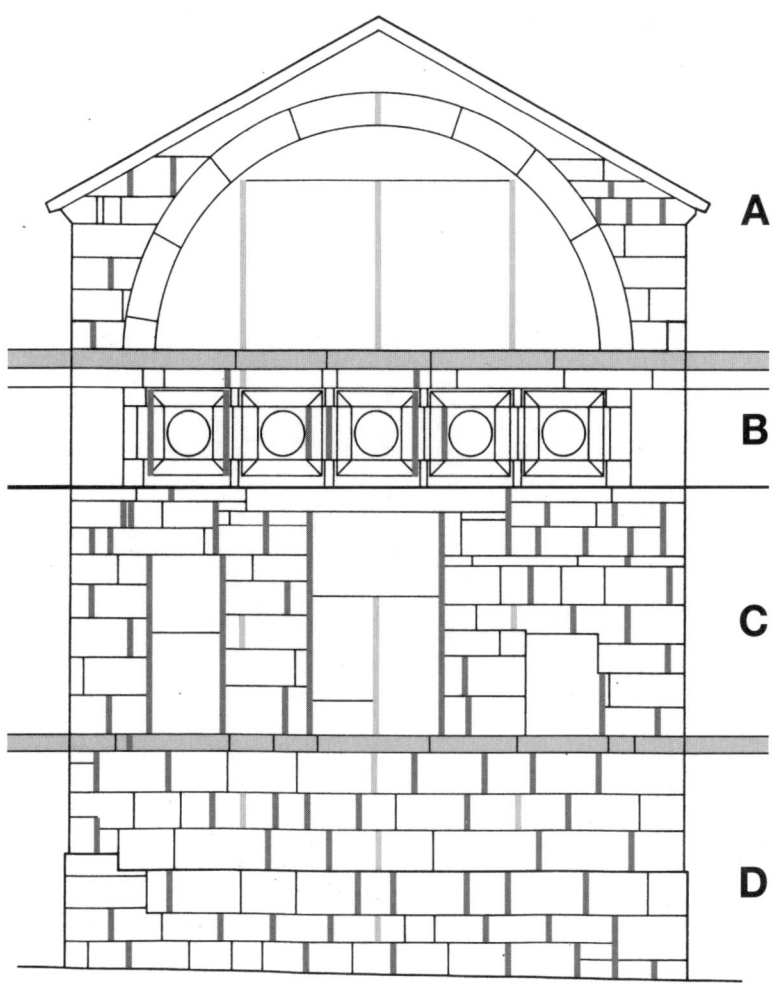

Abbildung 16: Die Johanneskapelle, Außenmauer, Stirnseite.
A: *Die Welt Gottes und der Seraphim* – B: *Die Welt des Lichts* – C: *Die Welt der Apostel und des menschlichen Geistes* – D: *Die Welt des Menschen und die Unterwelt*

zug zu den anderen »Welten«, sofern diese sich im Gesamtplan auf einer Linie befinden. Mit Hilfe eines Lineals vermag der Schüler die Zusammenhänge zu erforschen und seinen Blick zu schulen.

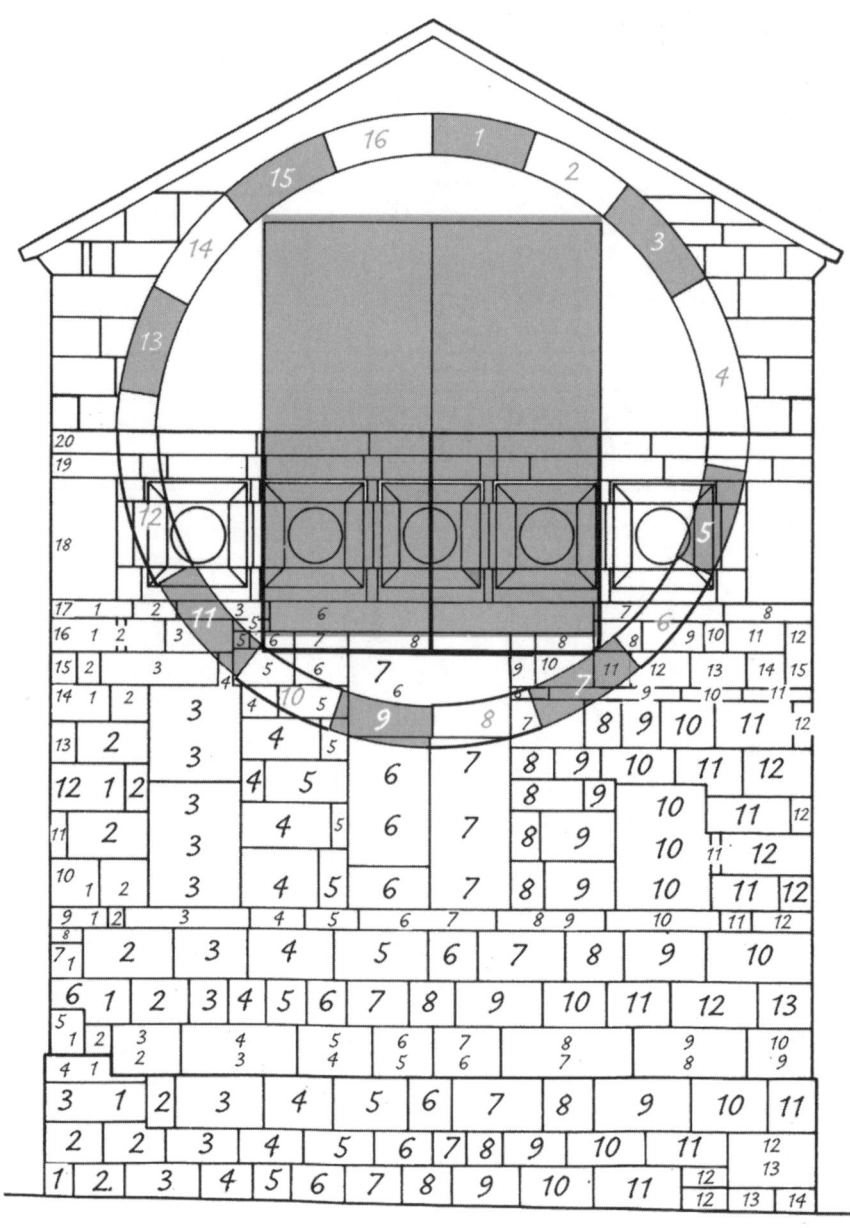

Abbildung 17: Die Johanneskapelle von außen – ein gnostisches Zahlen-labyrinth

Schüler der »Mathematik Gottes«, wie die Gnostiker sie lehrten, sollten in Abbildung 17 die Anzahl der Steinlagen – waagerecht und senkrecht – zählen. Eine ungerade Zahl ergibt die unterste Reihe der Steine. In der rechten unteren Ecke finden sich zwei Steine und darüber ein Stein von doppelter Größe. Das bedeutet, daß bei der Auszählung 11,33, dann 11,66 und schließlich 12 zu zählen wäre. Sodann ist diese Reihe aber nochmals zu zählen, und zwar mit den Endwerten 11,33 und 12.

Nichts ist hier vom Zufall diktiert, ebensowenig von geologischen Unebenheiten, die man leicht hätte ausgleichen können. Mit Bedacht wurden vielmehr in diesem steinernen Lehrbuch auf der linken Seite von »Welt D« (siehe Abbildung 16) acht Steinlagen verbaut, dagegen auf der rechten Seite nur sechs.

Was wie zufällig erscheint, findet seine Erklärung, wenn man folgendes weiß: Der wahre Gnostiker rechnet in der materiellen Welt mit zwei Zahlensystemen – einem System der Acht (Mensch und Tier) und einem System der Sechs (Stein, Pflanze, Tier). Nicht umsonst hat Pythagoras die Oktave in acht Töne gegliedert: Für die Gnostiker unterteilt sich eine Dimension in acht Schichten oder Ebenen.

In der Welt der Apostel – »Welt C« – zählen wir beidseitig acht Ebenen: Dort ist das System der Ebenen homogen ausgeführt, da man die Ebene der unbelebten Schöpfung und des rein Kreatürlichen hinter sich gelassen hat.

Als Schüler der gnostischen Lehre sollte man hier mit einem Zirkel den Seraphim-Himmel («Welt A») zu einem Kreis vollenden. Der Mittelpunkt ist schnell gefunden, der Himmel sodann, wie in Abbildung 17 geschehen, in 16 Abschnitte zu unterteilen, wodurch wiederum die Formel der zwei mal acht Ebenen verwirklicht ist.

Die Geometrie der Schöpfung

Wenden wir uns innerhalb dieses steinernen Lehrbuchs nun noch der gnostischen Geometrie zu, wie sie in der Fassade der Johanneskapelle von Trogir dargestellt ist. Auch hier befleißigte man sich der Diskretion, so daß der arglose Blick nur zusammengestückeltes Mauerwerk und scheinbar zugemauerte Fenster erkennt. In Wahrheit enthält diese Struktur jedoch geometrische Bilder, welche die meisten meiner Leser hier wohl zum ersten Mal in ihrem Leben sehen. Lassen Sie uns also gemeinsam die Rose zum Erblühen bringen, wie von der geheimen Mathematik der Gnostiker und Rosenkreuzer gelehrt (siehe Abbildung 18).

- (A) Die drei »Rosen« im Stadium der verschlossenen Knospen: Zählt man die Steine, aus denen sie zusammengesetzt sind, so erhält man die Werte 2-4-1 und damit folgende Kombinationsmöglichkeiten:

241	oder	142
24,1	oder	14,2
2,41	oder	1,42

Gesamtzahl der steinernen »Rosen« = 3
Gesamtzahl der Bausteine = 7
Gesamtzahl der Fixpunkte = 20
Verteilung der Fixpunkte auf die Bausteine: 6 – 10 – 4

- (B) Die erste »Rose« von links, bestehend aus zwei Steinquadern, weist sechs Fixpunkte auf, die man untereinander mit Linien verbindet. Bei der mittleren, aus vier Steinen bestehenden »Rose« verfahren wir ebenso, desgleichen bei der rechten, die aus einem Baustein besteht. Verlängert man nun die Verbindungslinien über die einzelnen Steinsetzungen hinaus, so erhält man drei Pyramiden (schraffiert), die hinsichtlich ihrer relativen Größe etwa den drei Pyramiden von Gizeh entsprechen.
- (C) Aus den drei »Rosen« läßt sich eine Superpyramide konstruieren, deren Spitze genau im mittleren Fenster der Lichtebene liegt: So also vereinigten die Gnostiker die drei »Rosen« zu einer »Superblüte«.

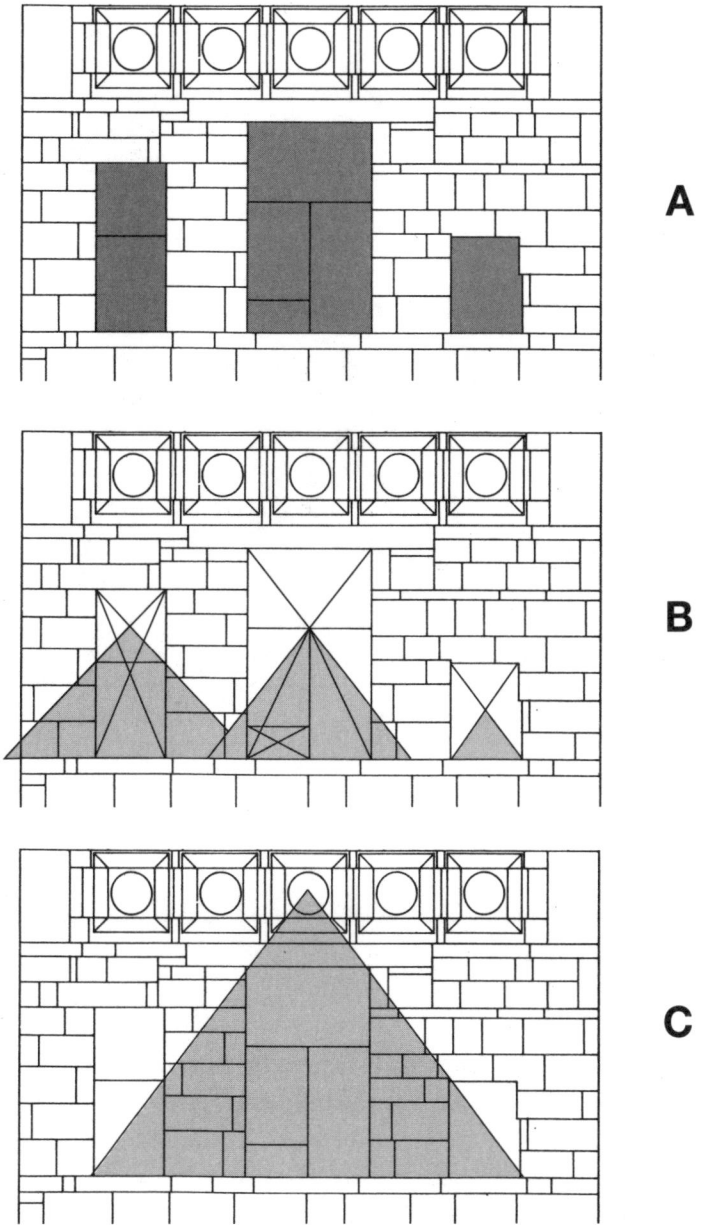

Abbildung 18: Außenseite der Johanneskapelle von Trogir: Die drei Steinsetzungen in (A) entsprechen den drei Rosen, dem Geheimzeichen der mittelalterlichen Gnostiker.

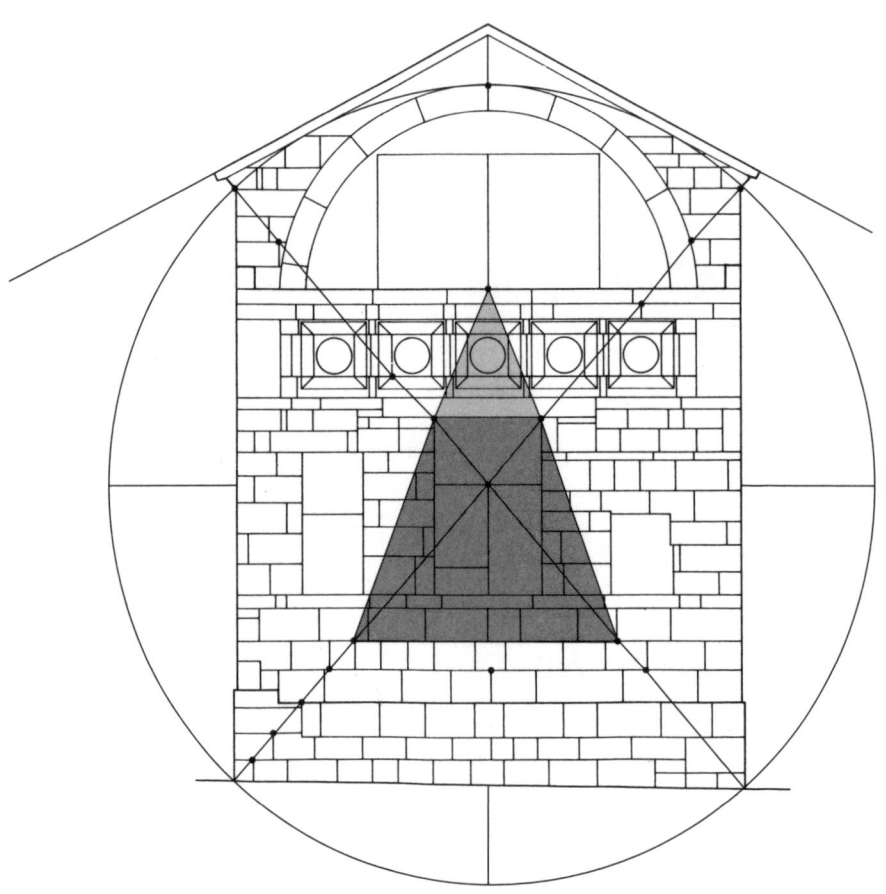

Abbildung 19: Die Spitze eines Obelisken, versteckt in der Fassade der Johanneskapelle

Der Mittelpunkt der Fassade liegt in der mittleren »Rose«. Schlägt man einen Kreis um diesen Mittelpunkt (siehe Abbildung 19), so entdeckt man eine weitere Konstruktion, die den Kreis in zwei mal zwei Segmente unterschiedlicher Größe teilt.

Verbindet man nun den Mittelpunkt des kreisförmigen Seraphim-Himmels (Abbildung 17) mit den oberen beiden Eckpunkten der mittleren »Rose«, dann ergibt sich die Spitze eines Obelisken.

Wie später in diesem Buch[32] dargestellt, wird von dem Apostel Jo-

Abbildung 20: Ostseite der Johanneskapelle: Man sieht, daß die
Fenster nachträglich eingefügt wurden.

hannes auch behauptet, daß er sich in Alexandria, also in Ägypten,
aufgehalten habe. Ohnehin ist die gnostische Lehre mit Ägypten eng
verknüpft: Man vermutet ihre Wurzeln in den Geheimnissen des alten Ägypten. Es ist daher durchaus nicht verwunderlich, daß wir auch
im steinernen »Gnostiker-Lehrbuch« von Trogir die geometrischen
Grundformen von Pyramiden und Obelisken wiederfinden.
Die voranstehenden Beispiele sollten verdeutlicht haben, daß die
Johanneskapelle von Trogir gleichsam Stein gewordene gnostische

Abbildung 21: Acht Wege oder Strahlen verbinden Gott und die Welt der Menschen – auch diese gnostische Erkenntnis ist in der Geometrie der Johanneskapelle visualisiert.

Mathematik ist. Mit geometrischen Mitteln wurden dort sogar die Tore, durch die man in »andere Himmel« kommt, dargestellt. Und quasi als Zeugen all dieser Weisheit stellte man hinter dem Sarkophag des Johannes eine Jesusstatue auf: Mit der linken Hand hält der Messias ein Buch in Richtung Sarkophag und damit, wie auffordernd, auch in Richtung des Besuchers, der die Kapelle betreten will. Zugleich segnet Christus mit der rechten Hand sowohl Johannes als auch den Besucher, der sich dem Sarkophag des Lieblingsjüngers Jesu nähert (siehe Abbildung 22).

10
Die Johanneskapelle – ein gnostisches Glaubensbekenntnis in Stein

Die romanisch-gotische Kathedrale von Trogir ist dem heiligen Lorenz geweiht. In einem seitlichen Anbau befindet sich die Johanneskapelle, die Nikolaus der Florentiner und Andreas Alexis in der Zeit von 1468–1482 erbauten und ausschmückten. Demnach dürfen wir annehmen, daß das gnostische Gedankengut des Johannes sowohl in Florenz – zum Beispiel den Medici – als auch in Siena bekannt war, der Hochburg der Johannesverehrung in Italien.

Vom Fußboden bis zum Scheitelpunkt des Gewölbes ist die Kapelle mit Reliefs und Skulpturen bedeckt: »In diesem Renaissanceraum wird der Besucher von 150 (!) ›Gesichtern‹ betrachtet«, wie es in einem alten Reiseführer heißt.

Im unteren Teil der Kapelle finden sich 17 Reliefs mit antiken geflügelten Genien, die Fackeln handhaben, anzünden, die Glut anzublasen versuchen usw. Der jeweilige Genius schaut aus einer perspektivisch richtig dargestellten, ein wenig geöffneten Tür heraus. Ganz im Geist der Renaissance stellt Nikolaus der Florentiner somit weniger die christliche Hölle als die wiederentdeckte antike Unterwelt dar.

So oder so steht man in der Kapelle bis zu den Knien oder Waden in der »Unterwelt«! Gehen wir für jene Zeit von einer durchschnittlichen Körpergröße von 1,60 bis 1,65 Meter aus, so bewegte sich der Besucher von den Knien bis etwa zum Hals in der Welt der Genien, während sein Kopf gerade noch in die Ebene ragte, auf welcher der Sarkophag des Johannes sowie die Statuen der Apostel stehen.

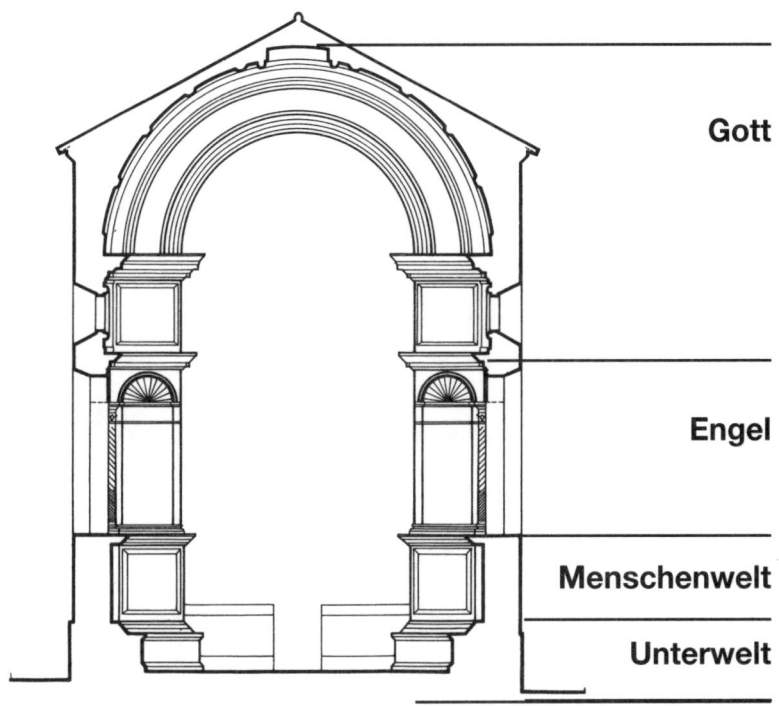

Gott

Engel

Menschenwelt

Unterwelt

Abbildung 23: Aufriß der Kapelle, vom Eingang aus gesehen

Die Statuen in der Johanneskapelle von Trogir

Die zwölf erhaltenen Statuen in der Kapelle wurden von Nikola Firentinac (Nikolaus der Florentiner), Andrija Alesi (Andreas Alexis) und dem aus Trogir gebürtigen Johannes Duknovic geschaffen, der in Italien seinerzeit unter dem Namen Giovanni Dalmata bekannt war.
Infolge Umbau und Veränderung der Dekoration während der Barockzeit stehen die Statuen heute offenbar nicht mehr an den Orten, die für sie ursprünglich vorgesehen waren: in den Nischen der Apostel. Ohnehin sind die Figuren nicht mehr vollzählig; mögli-

87

cherweise wurde das ursprüngliche Konzept auch nicht vollständig ausgeführt.

Die Kapelle weist 14 bzw., wenn man die Jesusstatue und die zwei schmaleren Nischen links und rechts davon mitzählt, sogar 17 Nischen auf. Folglich sollten ursprünglich wohl nicht allein die Apostel, sondern mindestens 14 Gestalten dargestellt werden. Jedoch wurde die Anzahl der Nischen nachträglich reduziert, indem man vier Fensteröffnungen in die Längswände schlug, ein massiver Eingriff in die Originalkonzeption.

Erst wenn wir eines Tages die Originalschriften des Johannes zur Verfügung haben, werden wir mit Sicherheit wissen, für welche 16 Persönlichkeiten – außer ihm selbst – die Nischen ursprünglich vorgesehen waren.

Johannes

Die Statue des Johannes wurde Ende des 15. Jahrhunderts geschaffen. Der klassisch einfache Faltenwurf der Tunika erinnert an die ruhige Gemessenheit eines dorischen Kunstwerks. Johannes

Abbildung 24: Die Johannesstatue in der Johanneskapelle von Trogir

88

wird als Mann in der Blüte seiner Jahre dargestellt. Die Statue steht derzeit in der ersten Nische links vom Eingang, an der Längsseite der Kapelle.

Eine Darstellung des Johannes in dessen eigenem Mausoleum wirkt auf den ersten Blick irritierend. Sieht man aber genauer hin, dann findet man, daß er überdies als alter Mann mit Stirnglatze dargestellt wird. Demnach trachtete man, gerade ihn in den verschiedenen Lebensabschnitten zu zeigen. Abgesehen davon hätte man einen höchst unerwünschten Verdacht erregt, wenn ausgerechnet dieser Apostel in der Johanneskapelle gefehlt hätte.

Petrus

Die Statue des Petrus befindet sich vom Eingang aus gesehen rechts in der letzten Nische an der Längsseite der Kapelle. Anscheinend störrisch und mißvergnügt blickt Petrus am Sarkophag des Johannes vorbei.

Abbildung 25: Demonstrativ und anscheinend mißvergnügt blickt Petrus am Sarkophag des Johannes vorbei.

89

Vermutlich stand die Petrusstatue ursprünglich rechts vom Eingang zur Kapelle, wo sie den Gegenpol zu Johannes dem Täufer bildete. Von dort aus bot Petrus zugleich auch dem hinter dem Sarg stehenden Jesus die Stirn und blickte mit tadelnder Miene jedem, der die Kapelle besuchte, entgegen.
Heute dagegen ist er so aufgestellt, daß zu seiner Rechten Johannes der Täufer steht. Petrus ist also auf den ungleich ehrenvolleren Platz aufgerückt, der ihm als »Sieger« im innerkirchlichen Kampf anscheinend zukommt.

Paulus

Die Statue des Paulus hat Nikolaus der Florentiner 1482 als eine der letzten geschaffen. Der Künstler hat den Umhang mit zusammengerafften Falten dargestellt, als ob er durchnäßt wäre. Man gewinnt den Eindruck, daß sein Ornat schwer auf Paulus lastet. Der Apostel, mit dem symbolischen Schwert gegürtet, wird sehr männlich und als strenger Denker abgebildet.

lich und als strenger Denker abgebildet.
Die Paulusstatue steht heute in der letzten Nische links in der Kapelle. Neben ihm, auf der Stirnseite zu seiner Linken, befindet sich die Statue Mariä. Auch Paulus, der Gefolgsmann des Petrus, sieht weder Jesus an noch auf den Sarkophag des Johannes, sondern verbirgt sein Gesicht störrisch hinter einem Buch.

Abbildung 26: Paulus, der Gefolgsmann des Petrus, verbirgt sein Gesicht hinter einem Buch.

Johannes der Täufer

Links neben Jesus, vom Eingang aus rechts an der Stirnseite der Kapelle, steht die Statue von Johannes dem Täufer. Mit seiner rechten Hand weist der große Heilige auf Jesus, so als ob er sagen wollte:»Seht her: mein Nachfolger!«

Abbildung 27: Johannes der Täufer deutet auf Jesus, als ob er sagen wollte:»Er ist mein Nachfolger!«

Maria

Links neben dem Eingang der Kapelle, zur Rechten Jesu, steht die Statue Mariä. Die Gottesmutter hat sich ihrem Sohn ein wenig zugewandt und blickt betend auf den Sarkophag des Johannes, den Jesus wie einen zweiten Sohn ihrem Schutz anvertraute.

Abbildung 28: Die Statue Mariä, der Mutter Jesu, die nach der Überlieferung auch den Jünger Johannes als ihren Sohn annahm.

Der Himmel über Johannes

Wenden wir uns nun kundigen Auges der Johanneskapelle und der weiteren Ausgestaltung des Renaissanceraumes zu, der die sterblichen Überreste Johannes' aufgenommen hat.[33] Das Auge des Besuchers wird, wie gesagt, förmlich überwältigt durch die Pracht der künstlerischen Ausführung. Man wähnt sich in einem der italienischen Zentren der Renaissance statt auf einer kleinen und heute eher ärmlichen Halbinsel fern von Florenz oder Rom.

Erst die besagte Inschrift CORPUS D. IOANNIS HIC INVENTUM half mir bei meiner ersten Trogir-Reise zu begreifen, weshalb diese Kapelle auf der einstigen »Insel der Ziegen« seinerzeit so verschwenderisch ausgestaltet worden war: weil es sich in den Augen der Anhänger Johannes' um die Grabstätte einer göttlichen Gestalt handelte, die sie wohl für Jesus und Maria nahezu gleichgestellt hielten.

Doch erst bei meinem Besuch im Jahr 1997, als ich in Begleitung des sachkundigen Franziskaners die Kapelle nochmals untersuchte, wurde mir auch im Detail deutlich, was die unbekannten Auftraggeber Ende des 15. Jahrhunderts hier sichtbar und weniger sichtbar verwirklicht hatten: eine Ehrenhalle für den göttlichen Johannes, ein christlich-gnostisches Glaubensbekenntnis, in Stein gehauen zum Lobpreis der mathematischen Wahrheit der Lehre Jesu und Johannes'.

Denn in der Tat: Wie heilig muß man sein, damit die nachkommenden Generationen einem eine solche Ehrenhalle erbauen?

Über dem Sarkophag wölbt sich der steinerne Himmel. Aus dem Himmelsgewölbe schaut Gottvater inmitten der Schar der Seraphim auf die letzte Ruhestätte des Johannes herab.

Die Deckengestaltung der Johanneskapelle stellt also die Region des Schöpfers mit den Seraphim dar. Ist dort bereits ein Geheimnis der Gnostiker zu Stein geworden?

Beim Abzählen stellt man fest, daß die Decke in 10×10, also 100 quadratische Felder unterteilt ist. Schaut man näher hin, so erkennt man auch hier die Absicht der Erbauer, den Besucher in die Grundzüge der göttlichen Mathematik einzuführen.

Gottvater schaut vom »Himmel« auf seine Schöpfung herab. Zu diesem Zweck nimmt er vier Felder, also den Platz von insgesamt vier Seraphim, in Anspruch.

Warum gerade vier? Bildlich wird hier nichts anderes dargestellt als die gnostische Weisheit, daß Gottvater, um mit seiner Schöpfung zu kommunizieren oder sich ihr gegenüber zu manifestieren, die Konzentration von vier Seraphim benötigt: Nicht weniger, aber auch nicht mehr bedarf es, damit er sich durch sie in unserer Welt oder unserer Dimension »zeigen« kann.

Nach jüdisch-christlicher Überlieferung hat Gott mehrfach zu menschlichen Geschöpfen gesprochen, beispielsweise zu Moses oder zu Jesus. Dies ist für das Verständnis der jüdisch-christlichen Geheimlehren von herausragender Bedeutung, die seither davon ausgehen, daß es eine Möglichkeit geben müsse, mit dem Schöpfer in Kommunikation zu treten.[34]

Nach gnostischer Auffassung, die in der Deckengestaltung der Johanneskapelle zu Stein geronnen ist, gilt also folgende Formel: Will Gott mit »Heiligen« unserer Erde in Kommunikation treten, dann muß er durch vier Seraphim wirken, sich energetisch gleichsam auf vier Seraphim »verdünnen«, damit wir Erdenmenschen seine Göttlichkeit ertragen können.[35]

Anders ausgedrückt: Vier Seraphim wären demnach erforderlich, damit ein geschulter Mensch die schwächste Manifestation der Kraft Gottes überhaupt ertragen könnte. Wollte Gott durch eine geringere Anzahl von Seraphim mit einem Menschen sprechen, so müßten selbst diese zwei oder drei Seraphim vergehen, da sie seine Präsenz, seine energetische Macht nicht überstehen könnten.

Die wirklichen Geheimschriften zur »Mathematik Gottes« kreisen unter anderem um das Problem, die »Transaktionsfrequenzen«, also die Durchtrittstore durch die Dimensionen, zu finden und den richtigen »Anschluß« herzustellen. Auch solche Erklärungsversuche gehörten zu dem esoterischen Formelkreis, den man mit den Worten »die Rose zum Erblühen bringen« umschrieb.

Die Mathematik der Schöpfung

Zum besseren Verständnis der Deckengestaltung der Johanneskapelle und ihrer symbolischen Bedeutung wenden wir uns nun nochmals der gnostischen Mathematik zu.

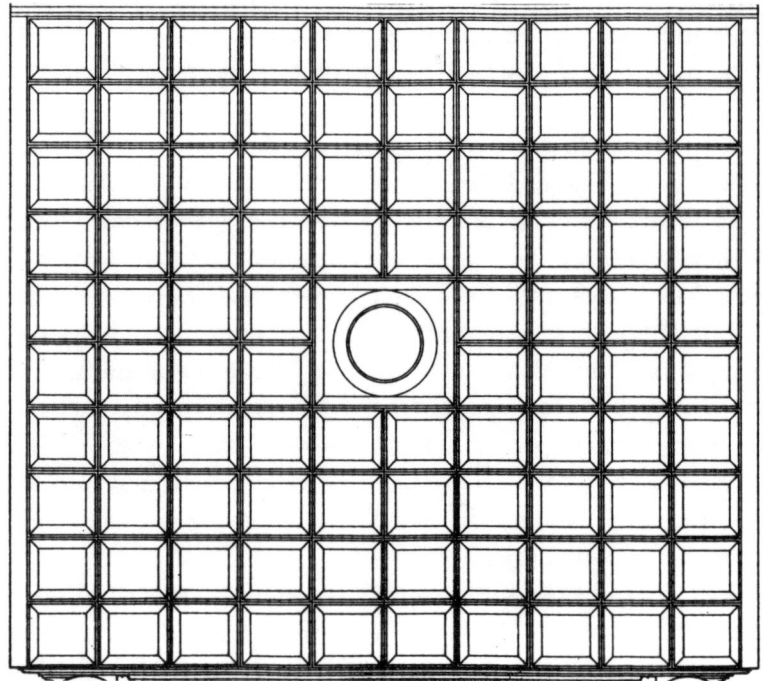

Abbildung 29: An der Decke der Johanneskapelle wird die Region des Schöpfers in 10 ×10 Felder aufgeteilt.

Wie auch in Abbildung 29 zu sehen, ging man davon aus, daß die göttliche Gesamtenergie – geometrisch ausgedrückt, die Gesamtheit der göttlichen Region – den Wert 100 beträgt. Diese Gesamtheit des Himmels wird in 100 Teile geteilt. Wenn man voraussetzt, daß Gott ständig in seiner Schöpfung präsent ist, sind stets vier Hundertstel oder vier »Himmelsfelder« durch seine Manifestation belegt. Die verbleibenden 96 Teile oder Felder können auf verschiedene Weise kombiniert werden, beispielsweise nach dieser Formel:

4 *(göttliche Präsenz) plus 4* × *24 Seraphim = 100*

Wer sich überzeugen möchte, daß es hier um weitaus mehr als um willkürliche Zahlenspielereien geht, lese in der Offenbarung des Johannes nach:»Und rings um den Thron standen vierundzwanzig Throne und auf den Thronen saßen vierundzwanzig Älteste in weißen Gewändern und mit goldenen Kränzen auf dem Haupt.« (Offenbarung d. Joh., 4,4)

Nachfolgend finden die interessierten Leser einen Überblick über die mathematischen Zusammenhänge aus der Sicht der antiken Gnostiker. Warum man – keineswegs nur bei der Gestaltung der Johanneskapelle von Trogir – ausgerechnet auf die Zahl 96 und auf die Aufteilung des Gesamtwertes 100 in 4 : 96 so großen Wert legte, wird die Zukunft zeigen müssen, wenn uns die Originalschriften des Johannes und somit auch seine Lehre wieder unzensiert zur Verfügung stehen.

Tabellarische Übersicht über das mathematische Grundgefüge der Schöpfung

Zahlen = relative Energiekonzentration

Gott = 100

Gott in seiner Schöpfung

$$\begin{array}{r} 4 \\ \underline{96} \\ 100 \end{array}$$

Die Seraphim auf ihrer Ebene

$$\begin{array}{c}
 & & (4) & & \\
1 & 1 & 1 & 1 \\
\underline{24} & \quad 24 & \quad 24 & \quad 24} \\
& 100 &
\end{array}$$

95

Die Engel auf ihrer Ebene

$$\frac{\overset{(4)}{\frac{1}{12+12} \quad \frac{1}{12+12} \quad \frac{1}{12+12} \quad \frac{1}{12+12} \quad 1}}{100}$$

Die Welt der Materie

$$\frac{\overset{(4)}{6\,6\,6\,6\,6\,6\,6\,6\,6\,6\,6\,6\,6\,6\,6\,6}}{100}$$

Die Welt des »ewig Nie-Seligen«

$$\frac{\overset{(4)}{3\,3\,3\,3\,3\,3\,3\,3\,3\,3\,3\,3\,3\,3\,3\,3\,3\,3\,3\,3\,3\,3\,3\,3\,3\,3\,3\,3\,3\,3\,3\,3\,3\,3}}{100}$$

Das Geheimnis der 44 Seraphim

Heute sind sämtliche 96 verfügbaren »Himmelsfenster« in der Johanneskapelle von Trogir mit Seraphim besetzt. In der ursprünglichen Konzeption der Decke sahen jedoch keineswegs alle Seraphim zusammen mit Gottvater auf Johannes herab: Anders als bei der heutigen Ausgestaltung waren lediglich 44 »Fenster« mit Köpfen bzw. Gesichtern von Seraphim versehen.

Abbildung 30: Die Seraphim im »Himmel« der Johanneskapelle

**Abbildung 31:
Dieser Gottvater,
geschaffen 1778
von I. Macanovic,
schwebt über
dem Sarkophag
von Johannes.**

**Abbildung 32:
Das Original des
am Himmel
schwebenden
Gottvaters befin-
det sich heute im
Museum von
Trogir.**

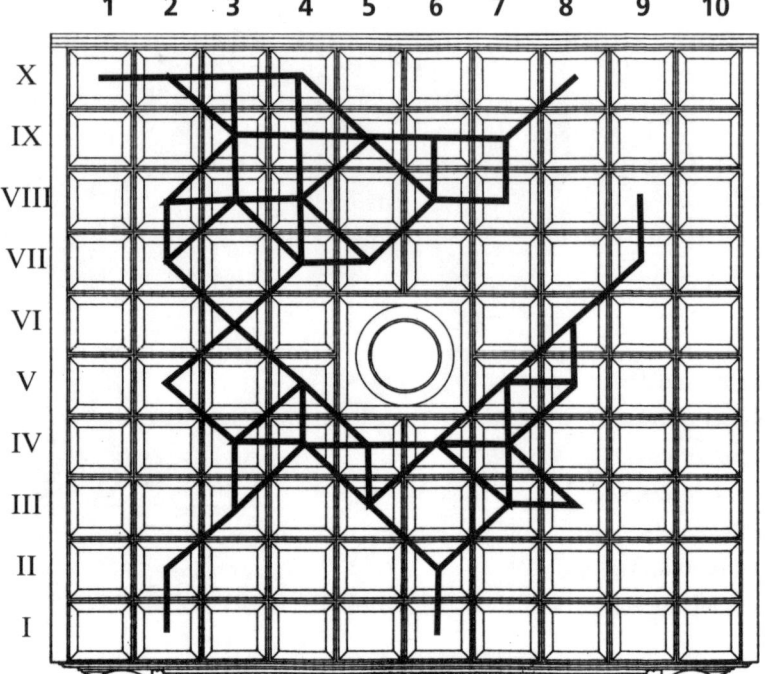

Abbildung 33: Verbindet man im Plan des Himmelsgewölbes die 44 von Nikolaus dem Florentiner mit Seraphim besetzten Felder, so entsteht dieses rätselhafte Muster: göttliche Spielzüge im Himmelsspiel der Seraphim?

Die restlichen wurden von Nachfolgern des Nikola Firentinac ergänzt, so wie auch die zentrale Platte mit dem Gottvater ausgetauscht wurde.

Warum aber hatte Nikolaus der Florentiner den Himmel über dem Sarkophag des Johannes ursprünglich nur mit 44 Gesichtern versehen? Verbindet man die betreffenden 44 Felder mit Linien, dann führt dies zu einem geheimnisvollen Muster, für das ich zur Zeit noch nach Erklärungen suche (Abbildung 33).

Aus Geheimschriften der Renaissance geht hervor, daß man sich Gottvater auch als »ideellen göttlichen Spieler« vorstellte. Tatsächlich kann man den Himmel mit den Seraphim von Trogir auch als »kosmisches Spielbrett« mit zehn mal zehn Feldern ansehen.

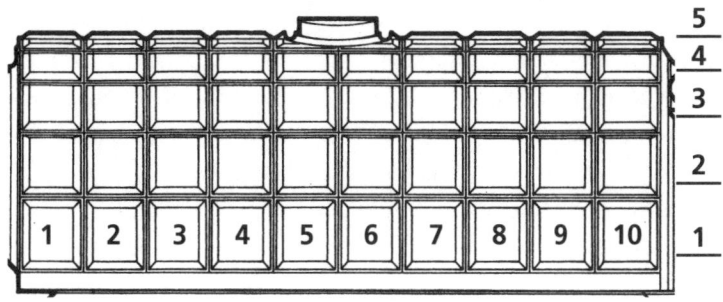

Abbildung 34: Querschnitt des »Himmels« in der Johanneskapelle von Trogir

Warum aber hat Nikola Firentinac nur diese Felder – scheinbar willkürlich – mit Seraphimköpfen versehen? Stellt dieses Muster eine Spielsituation dar, den Zwischenstand der Partie nach allen Spielzügen, die der Schöpfer bis dahin innerhalb seiner Schöpfung ausgeführt hatte?

Oder handelt es sich um eine geheime Botschaft, etwa um einen Wegeplan?

Möglicherweise zeigt uns das Muster in Abbildung 33 auch eine astronomische Konstellation der Fixsterne. Demnach würde es sich um eine Sternenkarte handeln, überliefert, um einen geheimnisvollen Ort im All zu identifizieren – beispielsweise den Punkt, von dem alle Schöpfung kommt?

Derzeit verfügen wir noch über zuwenig Informationen, um diese Frage beantworten zu können. Das Muster der Seraphim erinnert aber sehr an entsprechende Dekorationen in Grabkammern der Pharaonen, die eindeutig als Sternenhimmel zu identifizieren sind.

Wenn man davon ausgeht, daß es sich um eine Art »Spielbrett« handelt, sollte man jedoch die Wölbung der Decke beachten, auf welche dieser Spielplan aufgetragen worden ist. Ein Querschnitt durch das Gewölbe (siehe Abbildung 34) zeigt folgenden Verlauf:

- einen gleichmäßigen Anstieg von Reihe 1 bis Reihe 4,
- den Gipfelpunkt bei den Reihen 5 und 6 sowie
- Abstieg von Reihe 7 bis Reihe 10.

Die Begriffe »Auf- und Abstieg« sollen hierbei nur räumliche Verhältnisse und nicht etwa unterschiedliche Qualitäten der einzelnen Seraphim-Reihen bezeichnen. Jedenfalls erstreckt sich der »Gottvater-Bereich« in der Mitte auf diese Weise bis hinab in die Ebene der Engel – vielleicht steht auch dieser auffällige Aspekt in Beziehung zum System oder zu den Spielregeln des »göttlichen Spiels«.

Der Vollständigkeit halber sei noch erwähnt, daß sich außerhalb des Seraphimgewölbes 26 weitere (kleinere) Kassetten befinden – vielleicht der Hinweis auf einen »Einstieg« in die Sphären von Gottvater und der Seraphim, also auf eine Verbindung zwischen irdischer und »himmlischer« Welt. Da auch die Zahl 26 in den Zahlenreihen der göttlichen Mathematik auftaucht (siehe die folgende Tabelle), scheint mir auch dieses Detail näherer Untersuchung wert zu sein.

Nach dem ursprünglichen Plan von Nikola Firentinac wären somit lediglich 48 von insgesamt 100 Seraphim »aktiviert«: vier dieser Wesenheiten, in denen sich Gottvater in seiner Schöpfung manifestiert; weitere 44 blicken aus ihren geöffneten Fenstern auf die Erde herab. Folglich verbleiben 52 inaktive Seraphim, die uns weitere Daten für unsere himmlische Zahlenreihe liefern (2 x 26 = 52!). Halbiert man nach den Regeln der gnostischen Mathematik die vorgefundenen Werte so lange, bis man keine ganzen Zahlen mehr erhält, so gelangt man für die Region Gottes – den »Himmel« – zu folgenden Resultaten:

4 – **44 – 52 – 96 – 100**
2 – 22 – 26 – 48 – 50
2 – 11 – 13 – 24 – 25
1 – 11 – 13 – 24 – 25
1 – 1 – 1 – 12 – 1
1 – 1 – 1 – 12 – 1
1 – 1 – 1 – 6 – 1
　　1 – 1 – 6 – 1
　　1 – 1 – 3 – 1
　　1 – 1 – 3 – 1
　1 – 1 – 1 – 1

Ab hier sind die Werte bis auf 1 gesunken, so daß wir durch Halbierung zu keinen weiteren Ergebnissen gelangen. Vielleicht muß man diese Daten in ein bestimmtes Verhältnis setzen, um weiteren mathematischen Geheimnissen der Schöpfung auf die Spur zu kommen; auch an diesem Punkt scheint mir weitere Forschung erforderlich zu sein.

Verlassen wir nun aber den »Himmel« von Trogir und steigen um eine Ebene herab in die Sphäre des unberechenbaren Lichts.

Das Rätsel der runden Fenster
in der Johanneskapelle

Die geistigen Väter dieser gnostischen Offenbarung in Stein haben uns auf dieser Ebene

- 1 × 5 sowie
- 2 × 6 Lichtöffnungen hinterlassen (siehe Abbildung 35).

Wenden wir uns als erstes den sichtbaren Zahlen zu. 17 solcher runden Fenster zählt man insgesamt: Die eine Stirnseite der Kapelle, die zur Kathedrale weist, enthält keine Fenster. Fügen wir dort, formallogisch korrekt, in Gedanken fünf weitere Lichtöffnungen hinzu, erhalten wir die Zahl 22.

Unabhängig von dieser Betrachtungsweise erlauben uns die vorgefundenen Werte aber auch diese Gleichung: 5 x 6 = 30.

Die Zahlenreihe auf dieser Ebene lautet somit:

5 – 6 – 12 – 17 – 22 – 30.

Da 5 x 6 dieser Lichtöffnungen ein Muster von 30 Feldern ergeben, läßt sich ableiten, daß die Erbauer der Kapelle hinsichtlich der Energiepotenz, das heißt des energetischen Anteils einer Weltebene an der Gesamtschöpfung, ein Verhältnis von 100 : 30 zwischen dem Himmel der Seraphim und der nächstniedrigeren

Ebene (Sphäre der Engel?) angenommen haben. Wenn wir diese Verhältnisse auf die höheren Ebenen übertragen, können wir annehmen, daß auch die Ebene der Seraphim nur über ein Drittel der gesamten göttlichen Energie verfügt.

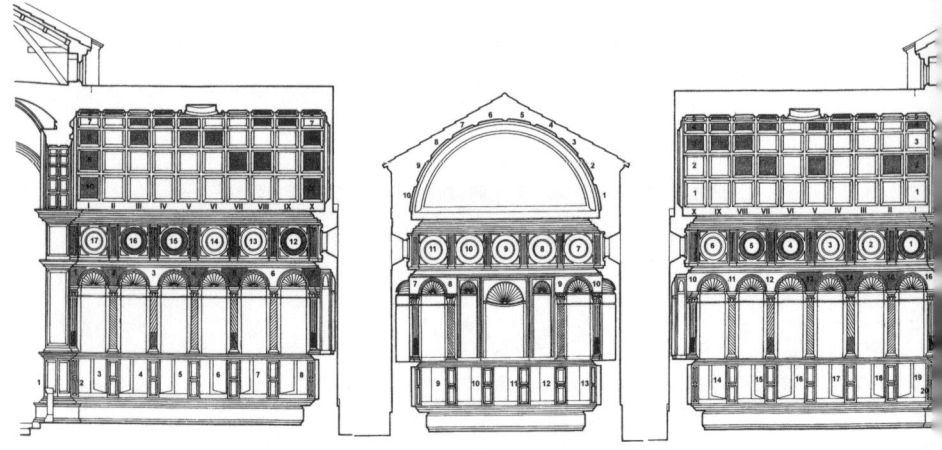

Abbildung 35: Die geheimnisvollen 17 Lichtöffnungen zwischen der Region Gottes und seiner Seraphim sowie den Ebenen der Engel, der Apostel, der Menschen und der Unterwelt

Zwei Hinweise veranlassen mich, diese Fenster in der Johanneskapelle als symbolische Entsprechungen der »Ebene des Lichts« anzusehen: Zum einen sind Fenster in der Tat Instrumente, mit denen man Licht manipuliert, es in einen dunklen Raum hineinläßt

Fenster 1   **Fenster 2**

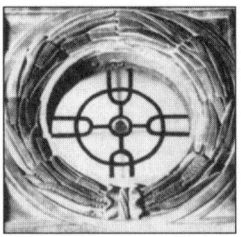   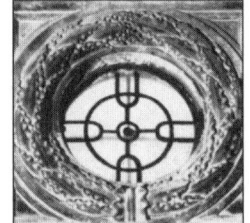

102

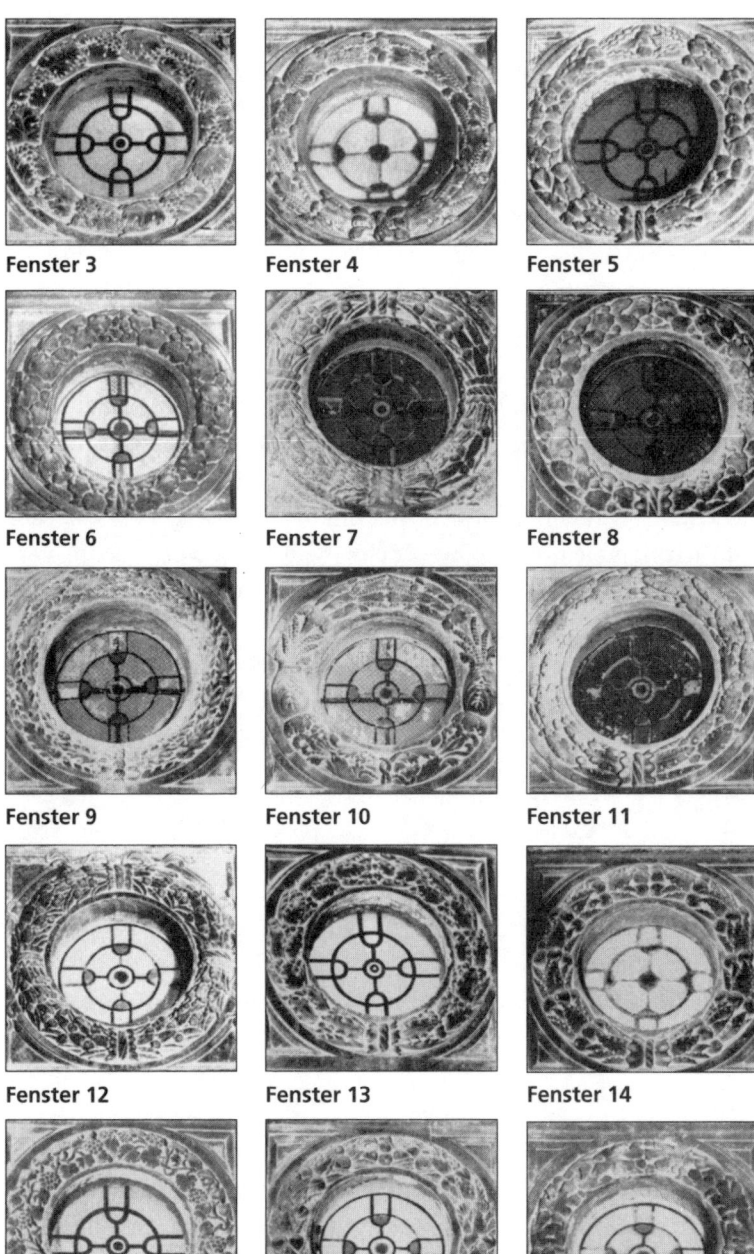

Fenster 3   Fenster 4   Fenster 5

Fenster 6   Fenster 7   Fenster 8

Fenster 9   Fenster 10   Fenster 11

Fenster 12   Fenster 13   Fenster 14

Fenster 15   Fenster 16   Fenster 17

bzw. aus diesem aussperrt. Zum anderen haben die Erbauer wohl nicht ohne Hintersinn diese runde Fensterform gewählt: Gemäß antiker Formensprache, die ja in der Renaissance wiederentdeckt wurde, signalisierte die Kreisform, daß die gesamte Dimension, der diese Formen angehörten, nicht berechenbar war: Die Sphäre der ungeraden Zahlen galt als mathematisch unkalkulierbar und somit als übernatürlich – als Ebene der Engel eben, deren unsichtbare Heerscharen nach gnostischem Verständnis in strenger Hierarchie die Räume zwischen göttlichen und irdischen Dimensionen erfüllen.

Über diese bedeutungsvollen Grundprinzipien hinaus trägt jedes einzelne Fenster in der Johanneskapelle entweder eine Botschaft oder eine noch nicht entschlüsselte Formel, auf jeden Fall aber ein gnostisches Geheimnis in sich. Worum handelt es sich? Wiederum kann ich derzeit noch keine abschließende Antwort geben. Vermutlich symbolisieren diese Zeichen ein naturwissenschaftliches

Abbildung 36: Bei genauerer Betrachtung erkennt man zahlreiche Detailunterschiede zwischen den Kapellenfenstern.

Phänomen, das sich jedoch gegenwärtig nicht identifizieren läßt. Möglicherweise hat unsere heutige Wissenschaft diesen »Schnittpunkt der Schöpfung« noch nicht entdeckt; auch hier ist es also erforderlich, daß fachübergreifend arbeitende Forscher weiter nach Übereinstimmungen zwischen dieser Symbolik und den uns heute (wieder) bekannten Naturgesetzen suchen.

Sehen wir uns nun die Zahlenreihe aus der Ebene des Lichts genauer an. Ebenso wie bei der Zahlenreihe des Himmels können wir die vorgefundenen Werte halbieren, bis wir keine ganzen Zahlen mehr erhalten. So gelangt man zu folgenden Resultaten:

$$
\begin{array}{cccccccccccc}
\mathbf{5} & - & \mathbf{6} & - & \mathbf{12} & - & \mathbf{17} & - & \mathbf{22} & - & \mathbf{30} \\
1 & - & 3 & - & 6 & - & 1 & - & 11 & - & 15 \\
1 & - & \underline{3} & - & \underline{6} & - & 1 & - & \underline{11} & - & \underline{15} \\
1 & - & 1 & - & 3 & - & 1 & - & 1 & - & 1 \\
1 & - & 1 & - & \underline{3} & - & 1 & - & 1 & - & 1 \\
1 & - & 1 & - & 1 & - & 1 & - & 1 & - & 1
\end{array}
$$

Vergleicht man die Zahlen der Lichtebene mit den Werten der »himmlischen« Ebene, so erkennt man leicht, daß (abgesehen von der 1) folgende Zahlen auf beiden Ebenen auftauchen:

3 – 6 – 11 – 12 – 22.

In der »himmlischen« Tabelle erhalten wir diese Zahlen zwar nur durch Zerlegen der ursprünglichen Werte. Aber dieses Verfahren entspricht den Regeln der gnostischen Mathematik, die angewendet werden, um Berechnungen zu in verschiedenen Dimensionen gleichermaßen herrschenden Gesetzmäßigkeiten durchzuführen. Was aber bedeuten diese Zahlen, die in Tabellen unterschiedlicher Dimensionen wiederkehren? Sie verweisen auf nichts Geringeres als auf »Durchtrittstore« von der einen zur anderen Ebene, die sich an den betreffenden Stellen befinden müssen! Transaktionspunkte nannte man diese Schleusen in früheren Zeiten, in denen man überdies davon ausging, daß auf der nächsthöheren Ebene doppelt soviel Energie benötigt würde wie auf der Ebene, von der man kam und »aufzusteigen« trachtete.

4	–	–	–44	–52	–96	–	100	Ebene der Seraphim
5	–17	–22	–	–	–12	–	30	Ebene des Lichts
		11		6				
				3	–	–		

         ^   ^

^ = Durchtrittstore

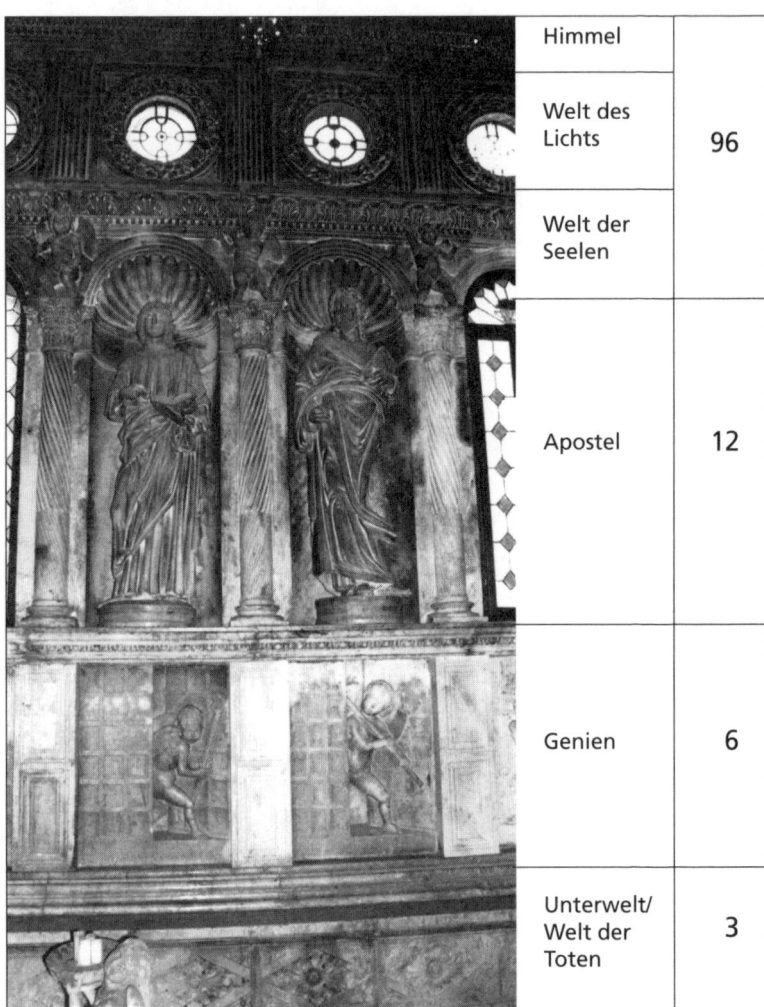

Himmel	
Welt des Lichts	96
Welt der Seelen	
Apostel	12
Genien	6
Unterwelt/ Welt der Toten	3

**Abbildung 37: Das theoretische »Durchtrittstor«
und die den Ebenen entsprechenden Zahlen-
werte nach der gnostischen Formel. Die Statuen
stellen Johannes (links) und Jakobus dar.**

Wer sich jemals gefragt hat, was sich hinter dem eigentümlich suggestiven Bild der in der Bibel beschriebenen Jakobsleiter verbirgt,
auf der die Engel des Lichts und die Seraphim zu den jeweils an-

deren Wesenheiten hinauf- bzw. hinuntersteigen, der findet hier eine schöpfungsphilosophisch plausible Antwort: Die göttliche Mathematik, die in der Johanneskapelle von Trogir in Stein verewigt wurde, führt den gnostischen Sucher, der sich in diese Formeln versenkt, bis auf Griffnähe an die – von unserer Ebene aus – untersten Sprossen dieser Leiter heran!

Das dürfte auch erklären, warum Nikola Firentinac gerade 44 Seraphim an der Decke der Johanneskapelle ausgeführt, die anderen Fenster aber nicht geöffnet hat: Auch wenn uns die weiteren Details der geheimnisvollen Lehren des Johannes und der Gnostiker derzeit nicht bekannt sind, läßt sich ableiten, daß nur an diesem Transaktionspunkt für uns sterbliche Geschöpfe der Himmel offen steht.

Die Ebene Jesu,
Mariä und der
Apostel

An der Stirnseite der Johanneskapelle zählen wir fünf Nischen, wobei Jesus in der Mitte steht, links und rechts je eine freie Nische neben sich. Auf diese Weise zeigen uns die Erbauer, daß Jesus in diesem Lehrbuch die Zahl 3 symbolisiert. Er wird von Maria, seiner Mutter, und Johannes dem Täufer in die Mitte genommen (seinem Vater, wie diese familiäre Anordnung suggeriert?).

Somit erhalten wir folgende Zahlen und Korrelationen:

Jesus	3 Nischen
Maria	1 Nische
Johannes der Täufer	<u>1 Nische</u>
	5 Nischen

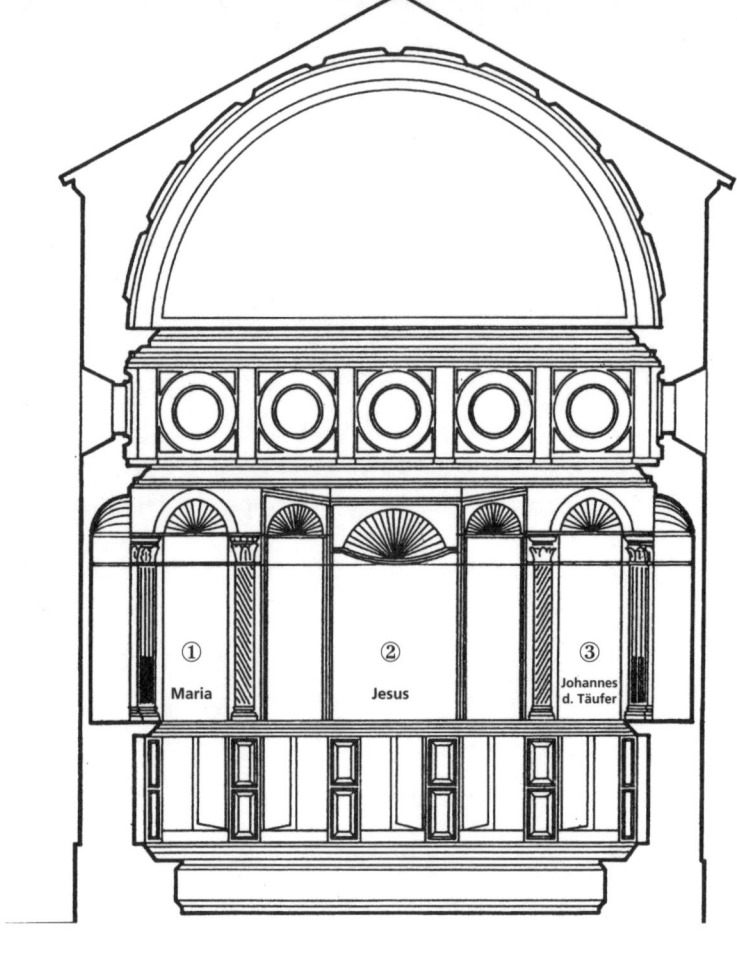

Abbildung 38: Stirnseite der Kapelle: In der mittleren Nische die Jesus-statue, links und rechts davon Maria und Johannes der Täufer

Nischen und Fenster
in den Längswänden der Kapelle

In beiden Längswänden der Kapelle befinden sich weitere Nischen für Apostel bzw. für andere ursprünglich vorgesehene Statuen. Heute stehen auf jeder Seite vier Apostelskulpturen. Offenkundig waren in der Grundkonzeption jeweils sechs Persönlichkeiten vorgesehen, die beiderseits des Sarkophags Spalier standen oder stehen sollten. Im Barock aber wurden auf jeder Seite zwei Nischen zu Fenstern umfunktioniert.

Scheinbar macht es keinen großen Unterschied, ob die Apostel samt und sonders an ihren ursprünglich vorgesehenen Orten oder, wie heute vorzufinden, zwei von ihnen links und rechts neben dem Eingang stehen. Doch diese Veränderung wurde wohl mit Bedacht vorgenommen, wie auch die Planer der Johanneskapelle die Anordnung der Statuen mit raffiniertem Hintersinn konzipiert hatten. Ohne Zweifel waren ursprünglich in den Längswänden Nischen für 14 Persönlichkeiten vorgesehen, außerdem an der Stirnseite Stätten für die Statuen Mariä, Johannes des Täufers und Jesu, insgesamt also für 17 Statuen.

Für unsere rechnerischen Zwecke könnte man sich die Eingangsseite ebenso wie die Stirnseite gestaltet vorstellen. Dann kämen drei weitere Nischen hinzu, und wir erhielten insgesamt 20.

Wichtige Zahlen auf dieser Ebene lauten demnach:

$$4 - 6 - 14 - 17\ (?) - 20.$$

In der Tat sah bereits die ursprüngliche Planung auch an der Eingangsseite der Kapelle von Anfang an zwei »Apostelnischen« vor. Sie befinden sich noch heute links und rechts neben dem Eingang zur Kapelle, so daß der Besucher zwischen ihnen hindurchschreitet, wenn er die Kathedrale von Trogir verläßt und in die Johanneskapelle tritt.

Ohne es derzeit bereits belegen zu können, bin ich überzeugt davon, daß in diesen beiden Nischen ehedem die Statuen von Petrus und Paulus stehen sollten oder gestanden haben. Eines Tages mögen Unkundige oder, was sehr viel wahrscheinlicher ist, Agenten des Vatikans sie an andere Stellen im Raum verlegt haben. Deren Motive, wenn meine Vermutung zutrifft, lägen auf der Hand:

An ihrer ursprünglichen Position boten Petrus und Paulus Jesus und Johannes die Stirn, stellten sich dem Heiland und seinem Lieblingsjünger also entgegen! Ohne große Phantasieanstrengung kann man sich vorstellen, daß von der Kurie verfolgte Gnostiker mit ingrimmiger Freude diese stumme Konfrontation in Stein hinterlassen hatten: Petrus und Paulus kontra Jesus und Johannes.

Betrachten wir nun aber die Lage, wie wir sie heute tatsächlich vorfinden: Neben Jesus, Maria und Johannes dem Täufer finden wir in der Johanneskapelle zehn Apostelstatuen, demnach insgesamt 13 bzw. – ohne Jesus – zwölf steinerne Figuren.
Nimmt man an, daß auch in den heutigen Fensternischen ursprünglich Statuen standen, beträgt die Gesamtzahl 17 bzw. – ohne Jesus – 16 Skulpturen.

Die Unterwelt

Wir steigen nun symbolisch in die Unterwelt hinab. In der Johanneskapelle von Trogir ist sie in zwei Ebenen unterteilt. Unter jeder Apostelnische öffnet ein Genius eine Tür. Somit wird die Unterwelt durch 14 kleine fackeltragende Gestalten repräsentiert.
Aus dieser Welt kann sich der Priester für einige Zeit erheben, indem er die Stufen des Altars erklimmt. Vermutlich ist auch das symbolisch zu verstehen: Über die Stufen des Altars kann man in die Welt der Apostel gelangen.
Solange unser Fuß jedoch den Boden der Johanneskapelle berührt, befinden wir uns auch in der Welt des Erz-Ahns. Dort werden wir mit einem Geheimnis der Schöpfung konfrontiert, das schon im alten Ägypten die Priesterschaft beschäftigt hat. Die Geschöpfe, die jener Welt angehören, sind am weitesten von Gottvater entfernt.
Der Marmorboden besteht aus 20 x 12 sechseckigen Tafeln. Sie erinnern an Bienenwaben und symbolisieren seit altersher die Welt des Erz-Ahns der Schöpfung. Ihr Grundprinzip, »eine Seele in vielen Körpern«, bildet den Gegenpol zur Schöpferidee, die da lautet: »Viele Seelen in einem Körper«. Amalek,[36] der Koordinator dieser Schöpfungsform, mit der sich die menschliche Intelligenz aktiv auseinandersetzen muß, war und ist die größte Herausforderung für alle Wahrheitssucher – und eine geistige Erschütterung für jeden, der unvorbereitet auf diesen Widersacher trifft.

Abbildung 39: Die Genien in der Johanneskapelle von Trogir

Das Thomas-Evangelium, eine apokryphe Schrift, die nicht in die offizielle Bibel aufgenommen wurde, deutet dies an:

»Wer sucht, der suche, bis er gefunden hat.
Er wird erschüttert sein.
Wenn er erschüttert ist, wird er staunen.
Er wird dann über das Alles herrschen.«

Was wußten die Planer der Johanneskapelle von diesen Mysterien? Der zweidimensionalen Welt, symbolisiert in den wabenförmigen Fußbodenplatten, ordneten sie die Zahl 240 (12 x 20) zu – dagegen lediglich den Wert 100 (4 + 96) dem Himmel der Seraphim ...

111

Die Gebeinkammer

Bleibt noch ein Blick in die Gebeinkammer der Bischöfe von Trogir. Gewiß haben diese ehrwürdigen Herren einen günstigen Platz für ihre Gebeine gewählt: unmittelbar vor dem Sarkophag des Johannes – am Jüngsten Tag eine strategisch günstige Position. Ob sie aber bedacht haben, daß sie sich zugleich in der Sphäre der Unterwelt beisetzen ließen, in der Welt des Gegenpols jener Schöpfung, als deren Krone der Mensch ausersehen war?

Abbildung 40: Die Inschrift auf der Platte der Gebeinkammer

Ob ihnen dieses metaphysische Risiko bewußt war, läßt sich aus heutiger Sicht nicht mehr entscheiden. Sicher ist jedoch, daß Mißgunst sie zu einem Eingriff in die prunkvolle Ehrung des Lieblingsjüngers Jesu bewog:
Oberhalb der Welt des Lichtes, an der Stirnseite der Kapelle, über der Statue Jesu, wurde nachträglich noch eine Darstellung der Krönung Mariä eingefügt – ein äußerst willkürlicher Eingriff, denn in der Welt der Seraphim kann gewiß kein Mensch durch wen auch immer gekrönt werden.
Die Auftraggeber dieses Werkes sollten sich auf unangenehme Fragen seitens des Jüngsten Gerichts gefaßt machen …

112

Der Sarkophag des Johannes

Der Sarkophag des Johannes ist auf der Höhe der Apostel positioniert (siehe Abbildung 41). Allein das ist schon ein Indiz für den besonderen Rang des hier Verwahrten: Keinem schlichten Heiligen – es sei denn, er gehörte zum persönlichen Kreis Jesu – darf die Kirche eine solche Ehre im Tode erweisen.

Um das Originalkonzept zu erkennen, sollte man die beiden Engel links und rechts des Sarges ignorieren, die in der Barockzeit hinzugefügt wurden.

Auf dem Sarkophag selbst, der die Gebeine enthält, ruht eine steinerne Nachbildung Johannes'. Das Gewand ähnelt der Kleidung nach griechisch-orthodoxem Brauch. Bischofsstab und -mütze bezeugen seine Würde als Bischof, die ihm – dem Apostel – auch ohne besondere Ernennung zustand.

Auf dem Rücken liegend, ist der Tote dem Besucher der Kapelle leicht zugewandt. Selbst im Liegen befindet sich sein Haupt beinahe in Höhe der Apostel – auch dies ein deutlicher Fingerzeig, welcher Welt dieser Johannes angehört.

Abbildung 41: Der Sarkophag des Johannes

11
Die Lügen der Päpste

Um Johannes rankten sich beinahe von Anfang an sowohl Legenden als auch Lügen. Fast zwei Jahrtausende nach den historischen Ereignissen, aus denen das Christentum entstanden ist, und nach vielen Jahrhunderten kirchlicher Bedrohung und Verfolgung von Andersdenkenden und Wahrheitssuchenden ist es fast unmöglich, den wahren »geschichtlichen Kern« herauszuschälen. Versuchen wir es dennoch.

Widersprüche um den »Lieblingsjünger«

Befragen wir zunächst eine Quelle aus dem letzten Jahrhundert, einer Zeit also, ehe die gesamte heilige Überlieferung der römisch-katholischen Kirche im 20. Jahrhundert durch historische und philologische Quellenkritik gleichsam atomisiert wurde. *Meyers Konversations-Lexikon* von 1887[37] vermerkt zum Jünger Johannes:

> J. der Apostel, einer der Vertrauten Jesu, Sohn eines Fischers, Zebedäus, und der Salome, Bruder des älteren Jacobus, trieb das Gewerbe seines Vaters am See Genezareth und gehörte zu den Erstberufenen in Jesu Nachfolgeschaft.
> Die synoptischen Evangelien schildern ihn und seinen Bruder als heftige, ehrgeizige, sogar zur Gewalttat neigende »Donnerskinder«, während das seinen Namen tragende vierte Evangelium in ihm den sanften und treuen Lieblingsjünger sieht, welcher selbst beim Tod Jesu in dessen Nähe ausharrt und von dem sterbenden Meister die Weisung empfängt, sich der Mutter desselben als Sohn anzunehmen.
> Nach Jesu Hinscheiden ging er auf kurze Zeit nach Sa-

114

maria und hielt sich dann wieder in Jerusalem auf, wo er zu den ›Säulen der Gemeinde‹, zu den Autoritäten der judenchristlichen Richtung, gerechnet ward.[38] Der späteren kirchlichen, besonders kleinasiatischen Sage zufolge soll er nach Kleinasien übergesiedelt sein und von Ephesos aus eine oberhirtliche Tätigkeit entfaltet haben.

Daß er unter Domitian auf die Insel Patmos verwiesen worden und unter Nerva zurückgekehrt sei, beruht auf Offenb. 1,9 und hängt zusammen mit der Annahme, daß der Verfasser der Apokalypse mit dem Jünger Jesu identisch sei (...) Kirchlichen Zeugnissen zufolge ist Johannes zu Ephesos als letzter der Apostel während der Regierung Trajans eines natürlichen Todes gestorben.

Komprimieren wir diese Informationen nun auf die wichtigsten Stichworte:

• Johannes war Fischer, von impulsivem Charakter und zählte mit seinem Bruder Jakobus der Ältere zu den ersten Gefolgsleuten Jesu.
• Er war ein Vertrauter Christi, der ihn bevorzugte, und sollte sich in dessen Auftrag um Maria kümmern.
• Nach Jesu Tod verließ er Jerusalem, kehrte später zurück und wirkte in der dortigen Gemeinde.
• Dann ging er nach Kleinasien, mittlerweile zu einem sanften, liebenswürdigen Menschen gewandelt. Dort schrieb er die Geschichte der Jesusbewegung, die wir heute als Johannes-Evangelium kennen.
• In Ephesos starb Johannes nach dieser Version eines natürlichen Todes. Unklar bleibt, ob er auch die neutestamentarische »Offenbarung des Johannes« verfaßt hat.

Soweit die Informationen und Spekulationen, wie sie vor gut hundert Jahren in einem seriösen deutschen Lexikon zum Thema

»Apostel Johannes« verzeichnet waren. Offensichtlich waren die Verfasser bestrebt, sowohl der damaligen römisch-katholischen als auch der protestantischen Meinung über Johannes gerecht zu werden.

Heute, über ein Jahrhundert später, sind die dogmatischen Dämme, durch welche die Kirche bedenklichen Diskussionen zu wehren versuchte, weitestgehend geborsten. Längst sind zahlreiche ernstzunehmende Publikationen erschienen, teilweise aus der Feder von Theologen, die Johannes in einer Rolle sehen, welche zu den in Trogir entdeckten Indizien paßt.

Ebenso sprechen sämtliche Anzeichen, die wir in Trogir finden konnten, für die Überlieferung, daß Johannes eines natürlichen Todes starb. Spätestens seit den Kreuzzügen, welche die Christen zu Recherchen in Jerusalem nutzten, muß der Kurie bekannt gewesen sein, was noch die Erbauer der Johanneskapelle im 15. Jahrhundert, aber schon lange vor ihnen auch die Mysterienwächter in Trogir wußten: daß Johannes entweder in Ephesos oder in Trogir gestorben und jedenfalls in Trogir beigesetzt worden war.

Vergleichen wir nun aber die dem Lexikon entnommenen Informationen mit der offiziellen römisch-katholischen Lehrmeinung, wie sie sich im »Schott«[39] manifestiert, dem anerkannten Lehrbuch und Verhaltenskodex für katholische Priester in Deutschland. Dort heißt es unter anderem:

Johannes
Der heilige Apostel und Evangelist
27. Dezember
Christi erste Ankunft erweist ihre Fruchtbarkeit, wie im Starkmut des Martyriums (Stephanus), so auch in der Jungfräulichkeit (Johannes). Der jungfräuliche, mit Maria (Stationskirche) so eng verbundene, beschaulich am Herzen Jesu ruhende Apostel und Evangelist, Lehrer und Bischof Johannes war erfüllt von der Weisheit Gottes, mit der er trauten Umgang hat (Johannes am Herzen Jesu, Johannes der Beschützer Mariens, des Sitzes der Weisheit [...]). Er übermittelt uns Christi Wahrheit in der heiligen

Kirche, und »wir wissen, daß sein Zeugnis wahr ist«
(Evang.).

Na also, möchte man nach erster Lektüre dieser freundlichen Zeilen sagen: Da wird dem Apostel Johannes doch Ehre und Lobpreis
in Hülle und Fülle zuteil! Vollends das folgende Johannesgebet
könnte uns beinahe veranlassen, den Verfasser eines verkappten
Johannitertums zu verdächtigen:

Erleuchte, o Herr, gnädig Deine Kirche, damit sie, durch
die Lehren Deines heiligen Apostels und Evangelisten
Johannes erhellt, die Gaben des ewigen Lebens erreiche.
Durch unsern Herrn.

»Unter den Brüdern«, lesen wir im nämlichen Werk gar, »ging das
Gerede, jener Jünger [Johannes] sterbe nicht. Jesus aber hatte nicht
gesagt: ›Er stirbt nicht‹, sondern: ›Ich will, daß er so bleibe, bis ich
wiederkomme; du folge mir.‹« Demnach wäre es auch nach dieser
Quelle Jesu Wille gewesen, daß Johannes (genauer gesagt wohl seine Lehre) nicht verfälscht werde bis zur Wiederkehr des Heilands
selbst.

Komprimieren wir nun auch diese Informationen auf die wichtigsten Stichworte, so erhalten wir folgende Aussage: Der Apostel und
Evangelist, Lehrer und Bischof Johannes war mit Jesus eng verbunden, erfüllt von der Weisheit Gottes und der Beschützer Mariä.
Seine Lehre soll nach Jesu Willen unverfälscht bleiben.

Leicht erkennt man, daß bei dieser Aussage – anders als im oben
zitierten Lexikon – einfach alle umstrittenen Details ausgespart
wurden, auf daß die Gläubigen am 27. Dezember Johannes zu ehren vermögen, ohne zu erkennen, daß möglicherweise dessen Lehre entgegen dem Willen Jesu von Petrus und Paulus verfälscht und
unterdrückt worden ist.

Märtyrer Christi
oder Magier im Dienste Satans?

Tatsächlich ist auch der sonst unverdächtige »Schott« nicht frei von jener Heimtücke, die für klerikale Autoren früherer Zeiten so charakteristisch war. Ich vermute daher, daß der Verfasser in der folgenden Passage eine »alte Überlieferung« verarbeitet hat, ohne diese als geschickt getarnte Diffamierung des Johannes erkannt zu haben:

> 6. Mai Fest des hl. Johannes, Apostels und Evangelisten vor der Lateinischen Pforte.
> Das heutige Fest begeht das Gedächtnis an die alte Überlieferung, nach welcher der hl. Johannes in Rom an der Lateinischen Pforte in siedendes Öl geworfen wurde, aber unverletzt blieb. So durfte auch der Lieblingsjünger wie sein Bruder, der hl. Jakobus (...), den Kelch der Leiden trinken (Evang.).

Welcher Leser oder welche Leserin von heute vermöchte in diesem kurzen Text eine ungeheuerliche Verunglimpfung Johannes' durch die römische Kirche zu erkennen? Um den perfiden Hintersinn dieser Feier »zu Ehren des hl. Johannes« zu erklären, muß ich wieder etwas ausholen.

Nachdem die römische Kirche den Glauben an den Opfertod Jesu zum Dogma erhoben hatte,[40] ging man dazu über, nach und nach jedem Heiligen, auch den Personen aus der unmittelbaren Umgebung Jesu, einen gewaltsamen Tod anzudichten: Einzig als Märtyrer schienen sie würdig, beim Jüngsten Gericht in der Nähe des Messias zu weilen.

So dichtete die Kurie den Aposteln und Bischöfen in den ersten Jahrhunderten einem nach dem anderen Märtyrertode an. Sicher ist der eine oder andere von ihnen tatsächlich eines gewaltsamen Todes gestorben, aber dieses grausige Schicksal hat keineswegs alle Führer der Urchristen ereilt. Dennoch postulierte man mit dogmatischer Strenge: Heilig konnte nur sein, wer den Märtyrertod erlitten hatte.

Zug um Zug ordneten die Kirchenchronisten allen Kandidaten die grausamsten Foltertode zu, die historisch bekannt oder zur Not auch in der Phantasie der Schreiber kreiert worden waren. So erfuhren die Gläubigen dann, daß ihre edelsten Vorstreiter geköpft worden seien oder man ihnen die Haut bei lebendigem Leibe abgezogen habe. Anderen Heiligen hatten die Widersacher die Gedärme herausgerissen oder die Gliedmaßen abgehackt. Die Körper der heiligen Männer waren mit Pfeilen durchbohrt worden, man hatte sie gesteinigt, verkehrt herum gekreuzigt und was der Greuel mehr sind.

Wie aber war es dagegen Johannes vor der Lateinischen Pforte ergangen – dem »Lieblingsjünger«, der doch unter diesen Umständen gewiß auch Anspruch auf einen erstklassigen Märtyrertod besaß?

Sehen wir genauer zu: Nur scheinbar und für unsere heutigen Begriffe konnte es als »Wunder« erscheinen, daß er, »in siedendes Öl geworfen«, diese Tortur angeblich überlebte. Tatsächlich aber bedeutete dies aus mittelalterlicher Sicht nichts anderes, als daß Johannes ein böser Hexer oder Zauberer gewesen sei. Menschen, die sich vom Teufel »falsche« Unsterblichkeit erkauft hatten, daher durch kaum ein irdisches Mittel umgebracht werden konnten, hatten dem Gottseibeiuns als Gegenleistung ihre Seele verschrieben. Und nichts Geringeres als diesen ungeheuerlichen Vorwurf, ein Parteigänger des Teufels zu sein, transportiert die Legende von der Lateinischen Pforte, die noch im »Schott« zum vermeintlichen Ruhm des Apostels zitiert wird.

Wie konnten nach mittelalterlicher Überzeugung die Hilfsfürsten des Satans dennoch getötet werden? Einzig ein bestimmtes, mit besonderen Zutaten gebrautes Gift vermochte diese Teufel doch noch um den Leib, wenn auch nicht ums Leben zu bringen, indem es ihre verwunschenen Seelen von den Körpern trennte. So konnten sie fortan zumindest nicht mehr auf Erden auftreten, was sie freilich nicht hinderte, die in der Hölle Schmachtenden zu peinigen. Nach der oben zitierten Sage nun soll der Apostel Johannes die Tortur, in siedendem Öl gekocht zu werden, überlebt haben. Nur dadurch, daß er anschließend einen Giftbecher trinken mußte, sei er doch noch gestorben: Spätestens dieser Zusatz, daß der Jünger den »Gifttod« erlitt, sollte uns vor Augen führen, daß die Autoren dieser Legende Johannes als mit dem Teufel verbündeten Hexer denunzieren.

Letzten Endes feiern somit die Petrus/Paulus-Christen bis heute am 6. Mai eines jeden Jahres, daß der Lieblingsjünger Jesu, der angenommene Bruder des Heilands und Beschützer Mariä, in die Hölle gefahren sei!

Gnade Gott den römischen Päpsten am Jüngsten Tag ...

Gibt es ein Geheimnis um Maria und Johannes den Täufer?

Was veranlaßte die Erbauer der Johanneskapelle von Trogir, Johannes den Täufer und Maria besonders auffällig herauszustellen? Offenbar folgten sie auch hierbei einem hintergründigen Plan. Für diese Annahme spricht nicht zuletzt, daß in der Johanneskapelle von Trogir – wie gesagt – hinter dem Sarkophag des Johannes die Statuen Jesu sowie, links und rechts, Mariä und Johannes des Täufers stehen. Ohnehin wird die Kathedrale optisch von diesem »heiligen Paar« – Johannes der Täufer und Maria – dominiert. Der Hauptaltar ist heute Maria geweiht. Johannes der Täufer wird sogar in einer eigenen Kapelle, der Taufkapelle, verehrt. Warum aber werden die beiden auch in der Johanneskapelle so auffällig exponiert?

Wie wir sahen, hatten die geistigen Väter der Ehrenhalle für Johannes jeden einzelnen Stein, jedes Fenster, jeden Sims, kurz: alle Details der Kapelle, exakt konzipiert. Wenn sie also an der Stirnseite der Kapelle die Statuen von Maria, Jesus und Johannes dem Täufer plazieren ließen, so hatten sie hierfür zweifellos einen besonderen Grund. Was aber könnte dieses heilige Quartett – Maria und Johannes den Täufer, Jesus und den Apostel Johannes – so

Abbildung 42:

Eine heilige Familie? Maria und Johannes der Täufer sowie Jesus und (liegend) Johannes in der Johanneskapelle von Trogir

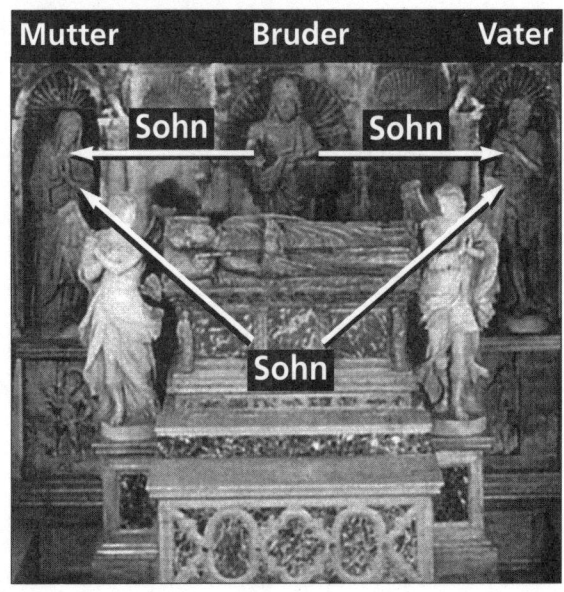

Abbildung 43: Der Marienaltar dient heute in der Kathedrale von Trogir als Hauptaltar

Abbildung 44: Die Taufkapelle in Trogir ist Johannes dem Täufer geweiht.

stark miteinander verbinden, daß die Künstler die Unverbrüchlichkeit gerade dieses Bundes in Marmor beschworen? Die Gottesmutter Maria hinter dem Sarkophag des Johannes vorzufinden ist keine sonderlich große Überraschung. Wie bereits dargestellt, hatte Jesus diesen Jünger beauftragt, sich um Maria zu kümmern, und umgekehrt Maria aufgefordert, Johannes als ihren Sohn anzunehmen. Folglich steht Maria gleichsam als Mutter des Verblichenen an Johannes' Sarkophag. Womit aber die Anwesenheit von Johannes dem Täufer durchaus noch nicht begründet ist. Die katholische Kirche hat diesem Johannes schon früh einen außerordentlichen Rang eingeräumt. Während nach römischem Ritus sonst nur die Todestage der Heiligen – die Geburtstage der Seelen im Himmel – gefeiert werden, begeht man einzig bei Jesus, Maria und Johannes dem Täufer ebenso den Geburtstag auf Erden. Schließlich hat Jesus Johannes den Täufer als den Größten der vom Weibe Geborenen gerühmt (Matthäus 11,11).

Eine weitere rituelle Korrelation zwischen den Geburtstagen von Jesus und Johannes dem Täufer ergibt sich dadurch, daß man sie beide auf astronomisch auffällige Tage festlegte:

- Jesus: 24.12. – längste Nacht/kürzester Tag
- Johannes der Täufer: 24.6. – kürzesteNacht / längster Tag

Sicherlich soll hierdurch auf symbolische Weise hervorgehoben werden, daß Johannes der Täufer als bedeutender Vorläufer Jesu anzusehen sei.

Aber in welchem Sinn als Vorläufer? Verbirgt sich hinter diesem dehnbaren Ausdruck möglicherweise auch ein skandalöses Geheimnis: Könnte Johannes der Täufer der leibliche Vater Jesu sein? Immerhin ließe sich solcherart zwanglos erklären, warum in der Kapelle zu Trogir die Skulpturen von Johannes dem Täufer, Jesus und Maria in trauter Gemeinschaft hinter dem Sarg Johannes' plaziert wurden – als Vater und Mutter, Sohn Jesus und (Adoptiv-) Sohn Johannes!

Tatsächlich sahen und verehrten noch viele Zeitgenossen Jesu und des älteren Johannes, aber auch Gläubige der folgenden Jahrhunderte (insbesondere mandäische und johannitische Kulte im Gebiet von Euphrat und Tigris) Johannes den Täufer als ihren Propheten – und nicht etwa Jesus. Die Ursprünge dieser Sekten gehen auf die Flucht der Juden aus Jerusalem nach dem gescheiterten Aufstand von Caesarea zurück. Ihre Überzeugung, daß Johannes der Frühere und Würdigere von beiden sei, dessen Lehre Jesus nur übernommen, ausgeweitet und teilweise sogar verfälscht habe, läßt sich ohne Zweifel durch einige gewichtige Argumente und bedenkenswerte Fragen untermauern:

- Jesus ließ sich vom älteren Johannes taufen. Das kommt einer Einsetzung in ein Amt – etwa als Nachfolger – oder der Bestätigung in einem Amt gleich.
- Falls Jesus der Sohn von Johannes dem Täufer war, wird dieser ihn durch das Taufritual zu seinem Nachfolger bestimmt haben. Infolge welcher Würde und Funktion aber bestimmte Johannes einen Nachfolger? War er womöglich der geheime Führer einer Fraktion innerhalb der Synagoge von Jerusalem?
- Erst nach dem Tod von Johannes dem Täufer beginnt Jesus öffentlich zu wirken. Hierbei erhält er auch Zulauf seitens der Anhänger des Johannes. Dieser Umstand wird meist übersehen, scheint aber die These zu stützen, daß Jesus als Nachfolger von Johannes dem Täufer tätig war.

Viele Bibelexperten räumen die Möglichkeit einer Blutsverwandtschaft zwischen Jesus und Johannes dem Täufer unumwunden ein: Nach einer verbreiteten Hypothese waren die beiden Vettern. Vielleicht ist aber dieser harmlose Verwandtschaftsgrad nur das Ergebnis einer Fälschung oder Verdrehung, zu der sich möglicherweise schon die Verfasser der ersten christlichen Schriften entschlossen. Auf diese Weise konnten sie hoffen, das Vater-Sohn-Verhältnis zu vertuschen, ohne aber die vielen Zeitgenossen noch erinnerliche verwandtschaftlich vertraute Beziehung von Jesus und Johannes gänzlich leugnen zu müssen.
Auch die Beweggründe für solche Verdrehungen liegen auf der Hand: Es galt, die Ansprüche noch lebender Nachkommen abzu-

wehren. Tatsächlich soll im dritten Jahrhundert eine Abordnung solcher Nachfahren in Rom erschienen sein und vom dortigen Bischof und Papst Tributzahlungen an die Urgemeinde von Jerusalem angemahnt haben. Dieses Ansinnen sei brüsk abgelehnt worden, wie es heißt.

Brüder in Christo

Welche Personen der urchristlichen Szene kommen als Nachkommen von Maria und Johannes dem Täufer überhaupt in Betracht? Verschaffen wir uns einen Überblick über die Kandidaten:

- *Jesus:* Setzte er die Mission seines Vaters Johannes des Täufers fort?
- *?*, genannt *Thomas*, möglicherweise ein Zwillingsbruder Jesu.
- *Jakobus* (genannt der Ältere): Nach Jesu Tod oder Exil übernimmt er die organisatorische Führung der Gemeinde von Jerusalem.

Abbildung 45: Trauer um den toten Bruder: Jesus und der Sarkophag des Johannes in Trogir

- *Johannes*: War er der jüngste Bruder Jesu, der ihn als das Nesthäkchen der Familie besonders liebte? Jedenfalls übertrug Jesus ihm die Verantwortung und Sorge für seine Mutter Maria. Nach Jesu Tod oder Exil soll Johannes nach Ägypten geflohen sein, von wo aus er nach Jerusalem zurückkehrte. Möglicherweise zettelte er eine Rebellion an; sein Bruder Jakobus wurde in Jerusalem gefangen und getötet, während er selbst nach Ephesos floh. Später mußte er auch aus Ephesos fliehen und tauchte in Salona bzw. Trogir unter.[41]

Aufgrund dieser Liste stellt sich die Frage, ob drei der Jünger aus der ersten Gefolgschaft Jesu leibliche Brüder waren. Vielleicht hatte seine Gewohnheit, von »seinen Brüdern« zu sprechen, hierin ihren ursprünglichen Sinn? Damit ließe sich sogar erklären, warum links und rechts neben Jesus in der Johanneskapelle von Trogir zwei Nischen frei geblieben sind.

Die Zeit wird kommen, da die Vertuschung der Wahrheit allein schon durch die zwei verwaisten Nischen ruchbar werden wird.

Ein Zimmermann namens Josef

So viele Apostel und andere biblische Figuren sich in Trogir auch zur Verehrung des Johannes eingefunden haben – weit und breit ist hier von Josef, dem Gefährten der Maria, nichts zu sehen. Müßte er nicht zumindest als Ziehvater Jesu Spuren hinterlassen haben? Was für ein Schicksal! Betrachten wir auch die Rolle des Zimmermanns Josef einmal aus der Sicht des Jüngsten Gerichts.

Wäre Johannes der Täufer tatsächlich der leibliche Vater Jesu, auf welche Weise wäre dann Josef ins Spiel gekommen, und warum wurde ihm die Rolle des Kindsvaters zugedacht?

Nach allem, was wir wissen, lebte Johannes der Täufer zum Zeitpunkt der von Kaiser Augustus angeordneten Volkszählung im Untergrund und durfte sich daher den Behörden nicht zeigen. Bei einer Volkszählung hätte er sich jedoch zu erkennen geben müssen und wäre folglich festgenommen worden. Demnach hatte er gute Gründe, die Anordnung des Kaisers,»daß ein jeder sich schätzen lasse«, zu ignorieren.

Überlegen wir weiter: Es ist sehr wahrscheinlich, daß Johannes der Täufer verheiratet war, da er andernfalls gegen die jüdischen Grundregeln der Lebensführung verstoßen hätte. Im Rahmen unserer Hypothese spricht nun manches dafür, daß seine Frau niemand anderes als Maria war. Selbst wenn Johannes im Untergrund lebte, hatte sie von der römischen Besatzungsmacht nichts zu befürchten, solange sie ihre Ehe mit dem »Staatsverräter« geheimhielt und solange gegen sie persönlich kein Verdacht auf ungesetzliche Taten vorlag. Heikel wurde die Lage allerdings auch für sie in dem Moment, da die allgemeine Anordnung erging, sich registrieren zu lassen. Denn zu diesem Zeitpunkt war Maria hochschwanger. Würden ihr da die römischen Beamten bei der Zählung glauben, wenn sie behauptete, ledig zu sein? Natürlich nicht – vielmehr würde gerade durch diese Behauptung ihr Mißtrauen geweckt, und sie würden nicht ruhen, bis sie den Vater des ungeborenen Kindes in Erfahrung gebracht hätten. Warum sonst sollte sie den Kindsvater gegenüber den Besatzern verschweigen – wenn nicht deshalb, weil er von eben diesen Besatzern polizeilich gesucht wurde?

Hinzu kam, daß Maria auch gegenüber ihren jüdischen Mitbürgern in eine mißliche Lage geraten wäre, wenn sie vorgegeben hätte, den Vater ihres Kindes nicht zu kennen. Sicherlich waren nicht alle Juden in ihr Geheimnis eingeweiht, da Johannes der Täufer natürlich auch in der jüdischen Gemeinde schwerlich nur erklärte Freunde gehabt haben dürfte.

Gab sie also Johannes den Täufer als Vater des Kindes an, so würden die römischen Beamten ihr die Information abzupressen versuchen, wo der Gesuchte sich verborgen hielt.

Folglich blieb nur eine Lösung: Während der Zeit der Zählung mußte gegenüber den Beamten ein anderer Mann offiziell die Vaterschaft übernehmen. War die Registrierung erst überstanden, so mögen Maria und Johannes überlegt haben, konnte der betreffende junge Mann wieder seiner Wege ziehen, und die kleine Episode würde bald schon vergessen sein.

Vorerst aber wurde ein gewisser Josef in die Pflicht genommen, der sich – aus welchen Motiven auch immer – mit der Hochschwangeren auf den Weg zur Zählung machte. Unterwegs jedoch geschah das, wovor sich alle gefürchtet hatten: Maria kam nieder und gebar einen Sohn. Daraufhin wurden sie alle drei – Vater, Mutter und Kind – registriert, womit aus Sicht der römischen Verwaltung die Welt in Ordnung war.

Nicht so aus jüdischer Sicht: Aufgrund seines »Opfers« kam Josef für eine reine jüdische Ehegemeinschaft nicht mehr in Betracht, da er nun offiziell bereits Vater eines Kindes war.

Wie sich die Beteiligten aus dieser Zwickmühle wieder befreiten, ist weltweit als zentraler Glaubensinhalt der christlichen Kirche bekannt: Man erklärte der jüdischen Gemeinde, daß das Kindlein namens Jesus nicht von ihm, dem braven Zimmermann Josef, sondern auf übernatürliche Weise, ohne den Samen eines Menschen, gezeugt worden sei. Damit war auch die jüdische Welt wieder in Ordnung – und die wundergläubige Menschheit jener Epoche um ein Mirakel reicher ...

Zugegeben: Niemand kann heute mehr hieb- und stichfest beweisen, welche Rolle der duldsame Josef seinerzeit tatsächlich spielte. Bei Recherchen im Süden Frankreichs stieß ich jedoch immer wieder auf Gerüchte, die man sich insbesondere im Rhônedelta in Kreisen der Katharer erzählt: Etwa ab 1100 n.Chr., nachdem im Troß der Kreuzritter auch Ermittler der Wahrheit um Jesus und seine Familie das Morgenland bereist hatten, wußte eine Gruppe von Eingeweihten in Europa, daß die Geschichte der Heiligen Familie wohl doch ein wenig anders erzählt werden muß.

Zu den Eingeweihten seiner Zeit zählte Jahrhunderte später auch ein gewisser Leonardo da Vinci, der im Auftrag von Papst Leo X. mithalf, sämtliche schriftlichen Dokumente, die sich im Besitz von Christen befanden, in Rom zu sichten und auszuwerten. Aus alledem läßt sich folgern, daß im Vatikan spätestens ab 1516 die volle Wahrheit bekannt gewesen sein muß. Einzugestehen, was seinerzeit wirklich geschehen war, hätte jedoch massive Eingriffe in Politik und Geschichte Europas bedeutet, so daß man sich entschloß, alles beim alten zu lassen – und damit auch das katholische Machtzentrum in Rom und bei der Kirche Petri.

Kann es uns vor den hier skizzierten Hintergründen wirklich verwundern, daß die Erbauer der Johanneskapelle zu Trogir Maria und Johannes den Täufer, das Elternpaar der ersten Glaubensfamilie, als symbolische Hüter des Johannesgrabes aufboten?

12
Der erste Bischof
von Trogir

Welche historischen Fakten und Vermutungen sprechen eigentlich, über unsere vor Ort gemachten Funde hinaus, für die Hypothese, daß Johannes bis Trogir gelangte und dort jahrzehntelang als Bischof wirkte? Um diese Fragen zu klären, versuchen wir im folgenden wichtige Ereignisse aus dem ersten Jahrhundert der Jesusbewegung chronologisch zu rekonstruieren.

Verständlicherweise waren die Chronisten seinerzeit bemüht, über die Aufenthaltsorte ihrer noch lebenden Führungsfiguren, die verfolgt wurden und im Untergrund lebten, keine oder irreführende Angaben zu machen. Wichtig waren allein ihre Lehrmeinung, Ansichten oder Kommentare zu aktuellen oder früheren Ereignissen, die beispielsweise in den neutestamentarischen Briefen an die Gemeinden dokumentiert wurden.

So erklärt sich nicht allein durch absichtliche Manipulationen der Anhänger von Petrus und Paulus, sondern ebenso durch die bedrängte Lage und entsprechend konspirative Handlungsweise der jungen Kirche, daß auch Johannes' Wirken allenfalls lückenhaft bezeugt ist. Als mehr oder weniger gesichert kann immerhin gelten, daß er – nach der Kreuzigung Jesu bzw. dessen Abreise ins französische Exil – auch seinerseits Jerusalem verließ. In Caesarea soll er an einem Aufstand der Christen gegen die Römer beteiligt gewesen sein, weshalb er nach Ephesos fliehen mußte. Dort wiederum soll er mit örtlichen Gemeindeführern in heftigen Streit geraten sein, eine Auseinandersetzung, die angeblich so weit eskalierte, daß man den mißliebigen Apostel bei der römischen Besatzung denunzierte. In der Folge dieses Konfliktes mußte er ein weiteres Mal fliehen und gelangte schließlich nach Trogir.

Nach meiner Überzeugung fügt sich der kolportierte Streit in Ephesos durchaus in das Bild, das wir bislang von Johannes, seinem

»impulsiven« Charakter, seiner Rolle als Lieblingsjünger Jesu und – damit eng zusammenhängend – seiner abweichenden Lehre gewonnen haben.

Falls Johannes wirklich in den Aufstand von Caesarea verwickelt war, wurde er von den Römern gesucht und konnte somit auch in Ephesos durch Verrat leicht ausgeschaltet werden. Und wenn er die »unverfälschte« Lehre Jesu vertrat, konnte es durchaus im Interesse der Petrusanhänger – vor Ort, aber auch in Rom – sein, diesen rebellischen Apostel mundtot zu machen.

Folglich mußte Johannes untertauchen, ständig auf der Hut vor den römischen Häschern, aber vielleicht auch vor Denunzianten aus den Christengemeinden, wo er jeweils Unterschlupf suchte. Möglicherweise war er zwar auf dem Weg nach Rom, blieb dann aber in Dalmatien »hängen«, da man ihm signalisiert hatte, daß er in Rom nicht erwünscht bzw. mehr noch als in Ephesos Gefahr lief, verraten zu werden. Vor diesem Hintergrund mag er beschlossen haben, sich in Trogir niederzulassen und von diesem Ort aus, der relativ gut per Schiff zu erreichen war, Einfluß auf die christlichen Gemeinden in Italien zu nehmen.

Ich bin sicher, daß bald schon historische Fakten zum Vorschein kommen werden, die Licht auf das seinerzeitige Wirken des Johannes in Trogir werfen werden.

Nehmen wir also an, daß er tatsächlich in Trogir untertauchte und dort in einer Gemeinschaft von Gleichgesinnten lebte. Als Persönlichkeit, die Jesus noch gekannt, begleitet und viele Gespräche mit ihm geführt hatte, konnte Johannes die Gemeinde aus erster Hand informieren und galt folglich als Attraktion, für die es sich lohnte, Opfer zu bringen.

Die zweite Generation der Christenführer aber – Markus und die anderen Evangelisten, die keine Augenzeugen der Taten Jesu mehr waren – dürfte von Johannes' Wirken in Trogir weniger begeistert gewesen sein.

Frühchristlicher
Generationenkonflikt

Wie man sich leicht ausmalen kann, wird die zweite Generation der Jesusbewegung die Apostelgeschichte (oder deren Vorläufer) nur noch als Grundlage für die Meinungsbildung in den örtlichen Gemeinden angesehen haben. Pragmatische Zwänge standen nun im Vordergrund: Man mußte sich organisatorisch zusammenschließen, um einander stärken zu können. Ebenso galt es, den Kern der christlichen Lehre festzuschreiben und im Interesse aller Gemeinden zu vereinheitlichen, um Streit und Spaltung zu vermeiden.

Vor diesem Hintergrund wurden die Evangelien – nachträglich um die Apostelgeschichte ergänzt und mit einer Zukunftsversprechung (Offenbarungen) versehen – zum Arbeitsbuch der neu entstandenen Vereinigung. Indessen sind sich Kritiker und Bibelforscher weitgehend einig, daß die neutestamentarischen Evangelien frühesten drei bis vier Jahrzehnte nach den Ereignissen um Jesus in Jerusalem niedergeschrieben wurden. In einer Epoche ohne Archive und öffentliche Medien sind vierzig Jahre aber eine lange Zeit, geradezu eine »Black Box«, in der aus politischen Gründen manches manipuliert und verdreht worden sein mag, ehe es den Gemeinden in kanonisierter Fassung präsentiert wurde.

Hinzu kam der zeitliche Abstand zu den dokumentierten Ereignissen: Manches wurde von der zweiten Generation bereits anders bewertet als seinerzeit von den Akteuren und Betroffenen selbst. Die Anhänger hatten vieles zur Legende verklärt, die Kritiker tendenziöse Verzerrungen beigesteuert – kurz: Manche wichtigen Teile der »historischen Wahrheit« dürften bereits im Jahr 60 oder 70 n.Chr. hinter fast undurchdringlichen Schleiern verschwunden sein.

Eine Chronologie der Ereignisse bis 100 n.Chr.

Im folgenden präsentiere ich den Versuch einer chronologischen Übersicht über die mit Jesus bzw. mit Johannes verknüpften Ereignisse.

Jahr	Chronologie allgemein	Ereignisse um Johannes
um 0	Jesu Geburt	
12		Johannes' Geburt
um 30	Tod (Hinrichtung?) Johannes d. Täufers.	
um 36	Tod Jesu in Jerusalem bzw. Emigration.	
35–36	Aufstand in Samaria; Steinigung des Stephanus in Jerusalem und Flucht der Anhänger Jesu.	
37	Ausrufung Jesu in Antiochia zum Messias (rechtmäßig gesalbten König).	
38	Erste Frühkirche in Jerusalem (Oberhaupt: Jakob). Maria Magdalena, Maria und andere Jesu Nahestehende verschwinden spurlos aus Jerusalem (in Bibeltexten nicht mehr aufgeführt).	
39	Paulus kehrt »bekehrt« nach Jerusalem zurück.	

Jahr	Chronologie allgemein	Ereignisse um Johannes
44	Alle Apostel, einschließlich Petrus und Johannes, werden in Jerusalem festgenommen, ausgepeitscht und angewiesen, den Namen Jesu nicht mehr zu gebrauchen. Der Jünger Jakob wird festgenommen und nach römischem Recht hingerichtet.	
48	Hinrichtung der rebellischen Zeloten und Nazaräer durch die Römer.	
52–57	Unterdrückung einer Rebellion. Der sadduzäische Hohepriester wird von den Zeloten ermordet. Beginn einer innerjüdischen Rebellion.	Johannes als Führer der Rebellen?
58	Auftreten eines weiteren Messias, der angeblich aus der jüdischen Gemeinde in Ägypten stammte. Großer Zulauf und Versuch, Jerusalem mit Waffengewalt zu besetzen. Name des Messias: unbekannt! Niederschlagung dieser Messiasbewegung.	Könnte dieser Messias Johannes sein, der Bruder Jesu, von dem es auch hieß, er habe in Ägypten geweilt?
62/65	Jakob d.Ä., Bruder des Johannes, wird als Oberhaupt der Nazaräer in Jerusalem festgenommen und hingerichtet. Nach Jakobs Tod übernimmt Simeon (ein Vetter Jesu?) die Leitung der Gemeinde.	Laut verschlüsselten Inschriften taucht Johannes in Trogir auf.

Jahr	Chronologie allgemein	Ereignisse um Johannes

64/67 — Paulus stirbt in Rom im Exil, nachdem er im Disput mit der Urgemeinde in Jerusalem sich in Rom durch die dortigen Anhänger bedroht gefühlt und in römische Schutzhaft begeben hatte.

Paulus öffnete die jüdische Messiaslehre für Nichtjuden, die fortan Heidenchristen genannt werden.

Simeon gibt Jerusalem, die Heilige Stadt, als Zentrum der Nazaräer auf.

Aufstand in Caesarea; Blutbad der römischen Truppen in Jerusalem; Eroberung Jerusalems durch jüdische Rebellen.

Hat Johannes von Trogir aus Gemeinde in Rom beeinflu um die abweichende Lehre Paulus zu diskreditieren?

War Johannes in Trogir oder Caesarea?

68 — Johannes, Philippus und An dreas in Ephesos.

70 — Ein römisches Heer erobert Jerusalem. Tempel und Stadt werden dem Erdboden gleichgemacht. Rund 60 Jahre liegt Jerusalem in Trümmern und darf auf Weisung der Römer nicht bewohnt werden.

66–72 — Probleme der Judenchristen um ihr Außenverhältnis.

Streit um den Verbleib der Judenchristen innerhalb der Synagoge; beginnende Abkapselung.

136

Jahr	Chronologie allgemein	Ereignisse um Johannes
um 70	Niederschrift der Apostelgeschichte durch Lukas; Niederschrift der Evangelien.	Hat Johannes sein Evangelium in Salona nahe dem heutigen Split geschrieben?
80	Ausschluß der Judenchristen aus der Synagoge; Selbständigkeit der Organisation als Gemeindeverband.	
um 99		Tod Johannes' laut Inschrift in Trogir bzw. Salona.

Anmerkung:

In den Jahrzehnten von 90 bis 130 unserer Zeitrechnung schritt die Verselbständigung der Jesusbewegung in den Gemeinden, denen die Synagogen als Glaubensorte nun verschlossen waren, weiter voran, bis man folgenden Stand erreicht hatte:

1. Konsolidierung des Innenverhältnisses;
2. Literarisierung der Tradition;
   aber auch
3. gnostische Tendenzen (ägyptischer Einfluß → durch Johannes?);
4. Streit um die irdische Seinsweise Jesu.

Der Disput um die beiden letzteren Punkte schwelt bis heute, nachdem sich die »Heidenchristen« unter Petrus/Paulus durchgesetzt hatten.

Wann konnte Johannes
in Trogir
eingetroffen sein?

Vor dem Hintergrund der oben angeführten Chronologie sollten wir nun nochmals untersuchen, wann Johannes frühestens in Trogir ankommen konnte. Nach herrschender Meinung beginnt der Zeitraum, den die neutestamentarische Apostelgeschichte behandelt, kurz nach der Kreuzigung Jesu (bzw. seinem Verschwinden aus Jerusalem) und endet irgendwann in den Jahren 65 bis 70.

Die Erbauer der Johanneskapelle, deren Wissen wohl aus Dokumenten stammt, die in Salona gehütet worden sind, geben an, daß Johannes, der erste Bischof von Trogir, dort ab dem Jahr 62 gewirkt habe. Solange wir die Quelle dieser Jahresangabe nicht kennen, können wir auch nicht prüfen, ob sie richtig zurückgerechnet haben. Denn, wie gesagt: Da die sogenannte christliche Zeitrechnung erst Jahrhunderte später eingeführt wurde, datierte man im (heute so bezeichneten) Jahr 62 noch nach römischer Zählung.

Vermutlich weicht die Angabe »62 n.Chr.« zumindest um einige Jahre vom kalendarisch exakten Datum der Ankunft Johannes' in Trogir ab. Denn wenn er, wofür vieles spricht, am Aufstand von Caesarea des Jahres 66 beteiligt war und von dort zunächst nach Ephesos ging, ist zu vermuten, daß er um das Jahr 70 endgültig untertauchte – zu der Zeit also, da die Römer Jerusalem zerstörten und die Stadt ächteten, um sich so des »jüdischen Problems« scheinbar auf immer zu entledigen.

Als Apostel hatte Johannes also gute Gründe, sich an einem von Rom möglichst weit entfernten Platz zu verbergen. Von diesem Ort im Untergrund aus versuchte er allem Anschein nach, die Entwicklung des Christentums, wie Paulus sie in Petrus' Namen in Rom propagierte, in eine Richtung zu korrigieren, die den Wünschen der sogenannten Judenchristen entsprach.

In strategischer Hinsicht hatte Paulus sicherlich recht, als er die Christenbewegung für »Heiden« (Nichtjuden) öffnete und solcherart die Voraussetzung für eine Missionierung des gesamten römischen Weltreichs schuf. Dagegen könnte Johannes geplant haben, Trogir sowohl als Brückenkopf nach Italien und Rom zu nutzen als auch zum Zentrum der judenchristlichen Bewegung auszubauen – ein Plan, der indessen scheiterte, da die Anhänger von Petrus und Paulus den Sieg davontrugen.

13

Unheiliger Streit um die Nachfolge Jesu

Für die römische Petrus/Paulus-Gemeinde wurde der Apostel Johannes sehr früh schon zum Problem. Immerhin hatte Jesus ihn nach offizieller Lesart vom Kreuz herab zum Sohn seiner Mutter Maria ernannt, folglich als seinen Bruder und »Nachfolger« anerkannt – aber als Nachfolger in welchem Sinn?

Da die römische Petrus/Paulus-Gemeinde an den Kreuzestod Jesu glaubte, stand für diese frühen Christen zumindest außer Zweifel, daß Johannes, wie im Neuen Testament dokumentiert, als »Ersatzsohn« eingesetzt worden war. Weitaus brisanter war jedoch die Frage, ob man ihn durch diese Willenserklärung Jesu zum Statthalter des Messias ernannt sah oder annahm, daß sich die »Nachfolge« auf den Status als »Sohn« Marias beschränkte.

Da die Mutter Jesu in den Anfängen der Christenheit sicher nicht die bedeutende, quasi göttliche Rolle spielte, die man ihr Jahrhunderte später zuerkannte, hätte eine bloße familiäre Nachfolgeregelung Johannes nicht automatisch auch zur Führungsfigur der frühen Christen aufgewertet.

Was also hatte Jesus sinngemäß zu seinem (Adoptiv-)Bruder gesagt:»Du, kümmere dich um die Mutter«, oder:»Kümmere dich um die Mutter und meine Anhängerschar«?

Diese Auslegungsfrage entschied wohl von allem Anfang an über Rang und Bedeutung der römischen Gemeinde und ihrer Führer. Als Jünger Jesu durfte sich gewiß auch Petrus zum innersten Zirkel rechnen. War Johannes aber ein leiblicher oder selbst nur ein Stief- oder Adoptivbruder Jesu, dann konnte Petrus schwerlich hoffen, daß man ihn als alleinigen Nachfolger Jesu, als dessen Stellvertreter in allen urchristlichen Gemeinden, ohne weiteres anerkannte. Das galt um so mehr auch für Paulus, den zweiten Mann in Rom, der den Religionsstifter nicht einmal mehr persönlich gekannt hatte.

Vor diesem Hintergrund dürfte den römischen Christen bei der Nachricht, daß Johannes Ephesos verlassen habe und auf dem Weg nach Rom sei, der Schreck in die Glieder gefahren sein. Sowenig die Führer der heidenchristlichen Gemeinde von Rom diesen Besucher mit offenen Armen empfangen wollten, sowenig konnte Johannes verborgen geblieben sein, mit welchem Mißtrauen man sein Wirken von Rom aus beobachtete. Möglicherweise plante er daher, in der Hafenstadt Trogir eine Zwischenstation einzulegen, um von dort nach Italien überzusetzen, sobald in Rom für ihn keine Lebensgefahr mehr bestand. Doch nach allem, was wir wissen, scheint diese für Johannes günstige Wendung niemals eingetreten zu sein: Höchstwahrscheinlich starb er im dalmatischen Exil, ohne daß man ihn in Rom jemals angehört hatte.

Dieser Konflikt zwischen den Anhängern von Petrus und Paulus auf der einen, des Johannes auf der anderen Seite blieb auch nach dem Ableben der Akteure der ersten Stunde bestehen. Die sogenannten »Heidenchristen« situierten ihren Glauben außerhalb des Ritus der jüdischen Synagoge; als Nichtjuden konnten sie ohnehin keine Mitglieder der Synagoge werden. Die Anhänger des Johannes dagegen waren »Judenchristen«, von denen manch einer im stillen gehofft haben dürfte, daß die Gemeinde eines Tages von der Synagoge wieder aufgenommen würde.

Die Gegensätze zwischen Petrus/Paulus- und Johannes-Anhängern müssen jedenfalls unüberbrückbar gewesen sein – so gravierend, daß die Nachfolger Petri der folgenden Jahrhunderte sogar dazu übergingen, Johannes zu verleugnen, um ihre eigene Macht und Autorität zu sichern.

Was uns Papstnamen verraten

Im Laufe der Jahrhunderte seit Beginn christlicher Zeitrechnung wurde Johannes vielfach verunglimpft. Daß dieser Lieblingsjünger Jesu auch heute noch für die römischen Päpste ein Problem darstellt, läßt sich aus der Namenswahl der letzten vier Päpste ablesen. In der Geschichte des Papsttums gab es mehr als zwanzig Päpste[42],

141

die den Namen Johannes annahmen, als sie in Rom zum Statthalter Christi erwählt wurden. Nach dem Gegenpapst Johannes XXIII. (1410–15) nahm jedoch erst in unserem Jahrhundert wieder ein Papst diesen Namen an: Als Angelo Giuseppe Roncalli zum Heiligen Vater gekürt wurde, wählte auch er den Namen Johannes XXIII. (1958–63) – als gelte es, die mittelalterliche Häresie nach mehr als fünfhundert Jahren endlich aus den Annalen zu tilgen.

Bemerkenswerterweise hatte Angelo Giuseppe Roncalli, ehe er 1953 zum Kardinal und – drei Tage darauf – zum Erzbischof und Patriarchen von Venedig ernannt wurde, unter anderem von 1934 bis 1937 als Apostolischer Delegat in Istanbul gewirkt. Wir sollten aufhorchen:

- Ebenso wie Istanbul liegt auch Ephesos auf türkischem Boden – dieselbe kleinasiatische Stadt Ephesos, in der sich die Ruinen der offiziellen Grabeskirche Johannes' befinden. Wurde Angelo Giuseppe Roncalli während der Jahre, die er als kirchlicher Würdenträger in der Türkei verbrachte, in die Geheimnisse um den Evangelisten Johannes eingeweiht?
- 1953 von Papst Pius XII. zum Hirten von Venedig ernannt, gelangte Roncalli neuerlich in eine Stadt, die einen direkten Bezug zu Trogir aufwies: Venedig hatte die dalmatische Hafenstadt lange Zeit beherrscht. Reiche Kaufmannsfamilien aus Venedig hatten sich im Mittelalter und in der Renaissance in Trogir niedergelassen. Ohne ihre Spenden hätte die Kathedrale in Trogir niemals errichtet werden können.

Was also wußte Angelo Giuseppe Roncalli von den Mystifikationen um den Apostel Johannes, als er 1958 zum Papst gewählt wurde und den Namen Johannes annahm – seit mehr als einem halben Jahrtausend der erste Heilige Vater, der diesen brisanten Namen trug? Vermutlich ist es kein Zufall, daß Angelo Guiseppe Roncalli als der Papst in die Geschichte einging, der die Christenheit versöhnen, das Schisma zwischen der orthodoxen Ostkirche und der römisch-katholischen Westkirche, also gleichsam zwischen Johannes auf der einen, Petrus und Paulus auf der anderen Seite, überwinden wollte.

Wie ließe sich eine solche Versöhnung durch *Namen* besser symbolisieren als auf folgende Weise, für die man sich im Vatikan bekanntlich in der Tat entschied?

1958–63	Johannes XXIII.
1963–1978	Paul VI.
1978	Johannes Paul I. (»30-Tage-Papst«)
1978–	Johannes Paul II.

Wie müßte nach dieser kirchlichen Logik der nächste Papst heißen: Petrus? Es bleibt abzuwarten, in welche Richtung sich das römische Kirchenschiff bewegt: auf den seit Jahrhunderten immer wieder geschmähten Johannes zu – oder zurück zu Petrus und Paulus.

Die Angst des Vatikans
vor dem Vermächtnis des Johannes

Nach allem, was wir heute wissen, fürchtet man in Rom unvermindert die Entdeckung der Originalschriften des Johannes, die seit beinahe zwei Jahrtausenden irgendwo in den Bergen um Split in einer Höhle liegen. Diese höchstwahrscheinlich in griechischer Sprache abgefaßten Schriften scheinen Detailschilderungen aus der Jesusbewegung in Jerusalem und der dortigen Urgemeinde zu enthalten. Ferner sollen sie sensationelle Einzelheiten benennen, welche die Evangelisten seinerzeit aus Sicherheitsgründen oder aufgrund von Schweigegelübden ausgeklammert hatten, so beispielsweise:

- den Ort in der Wüste, wohin sich Jesus für vierzig Tage zurückzog,
- die Stätte, die als das wahre Jerusalem der jüdischen Urväter angesehen wird, sowie
- die Gebote dieser Urväter, zu denen Jesus seine Anhänger zurückführen wollte.

Zu letzterem hatte sich Jesus bei jener Begegnung mit Johannes dem Täufer und anläßlich seiner Taufe verpflichtet – einer Begegnung, die bis heute nur bruchstückhaft dokumentiert ist, über die aber die Originalschriften des Johannes gleichfalls umfassend aufklären könnten. Schließlich ist die herausragende Bedeutung Johannes des Täufers für den Evangelisten gleichen Namens auch in der Kathedrale von Trogir in Stein dokumentiert – durch die Taufkapelle, die dem großen Vorläufer Jesu gewidmet ist.

Im übrigen ist die Angst des Vatikans vor einer Entdeckung der Originalschriften wohlbegründet: Zweifellos kennen die höchsten Vertreter der Petrus/Paulus-Kirche in Rom den Inhalt dieser Geheimschriften, von denen im Untergrund seit Jahrhunderten Kopien kursieren.

Die ersten Abschriften wurden vermutlich um 300 angefertigt, also zur Zeit des römischen Kaisers Diokletian,[43] der möglicherweise selbst den Auftrag hierzu erteilte. Eine Kopie der Johannesschriften befand sich bereits während der Renaissance im Vatikan, was zu Streitigkeiten innerhalb der Kurie führte.

Ein deutliches Anzeichen hierfür stellt der Dombau zu Siena dar: In dieser Stadt unweit von Florenz sollte eine würdige Stätte der Johannesverehrung in Italien geschaffen werden. Doch aus Gründen, die eines Tages – nach Veröffentlichung entsprechender Dokumente aus den Archiven des Vatikans – publik werden dürften, entschloß man sich seinerzeit in Rom, Johannes offiziell nicht in die römische Christenlehre einzubeziehen.

Folglich wurden die Arbeiten in Siena abgebrochen. Eine Heerschar von Dominikanern, Augustinern und Benediktinern missionierte aus den Köpfen der Einwohner Sienas die Erinnerung an Johannes wieder hinaus. Und Johannes blieb in Trogir.

Doch die Köpfe der italienischen Johannesbewegung müssen sodann den Um- und Ausbau der Kathedrale von Trogir maßgeblich gesteuert haben – insgeheim, aber für den Kundigen leicht zu erkennen.

Meiner Meinung nach sind die Schriften des Johannes für die römische Kirche noch erheblich brisanter, als die Qumran-Rollen es je sein können, weil sie speziell die Zeit des Wirkens Jesu und seine Lehre behandeln.

Auch kann es schwerlich ein Zufall sein, daß im Mittelalter zeitgleich mit der wiederentdeckten Lehre des Johannes die Ideen der Gnostiker zur Blüte gelangten. Zu diesen mathematischen Gottesbeweisen und der gnostischen »Mathematik der Schöpfung« nebst Ableitungen bzw. Schlußfolgerungen auf die Zukunft gehört ja im weiteren Sinn auch die neutestamentarische Johannes-Offenbarung.

Doch dank des erwähnten Einsatzes der Rom ergebenen Orden und Mönche siegten schließlich, wie wir wissen, innerhalb der Kirche die Scholastiker über die Gnostiker – oder die Anhänger von Petrus und Paulus über die Verfechter der Johanneslehre. Es war ein Sieg des dogmatisierten, zu bloßen Worten geronnenen Glaubens über die gnostische Forderung, daß auch Glaubenssätze der Beweise bedürften.

Die geheimnisvolle Amphore

Eindringlich weisen die Inschriften von Trogir auf jenen mysteriösen Steinkrug hin, der mit Pech bestrichen sei und seit fast zweitausend Jahren die Dokumente des Johannes berge. Die Lage des Verstecks wird in den Geheimschriften zwar skizziert, aber nicht so präzise, daß sich der Ort tatsächlich identifizieren ließe. Beim Studium der betreffenden Inschriften gewinnt man den Eindruck, daß die Verfasser zwar noch von dem Geheimnis wußten, aber den Ort selbst schon nicht mehr aus eigener Anschauung kannten. Oder trauten sie ihrem eigenen Geheimcode nicht und scheuten sich daher, die Stätte durch zu genaue Beschreibung den Blicken Unbefugter preiszugeben?

Bemerkenswert ist in diesem Zusammenhang, daß sich vor rund hundert Jahren ein Pater in Split mit großem Enthusiasmus der Ausgrabung des christlichen Salona widmete. Sein Werk ist heute in einem Freilichtmuseum zu besichtigen, und es ist ohne Zweifel so eindrucksvoll, daß es sich für gläubige Christen wie auch für kulturgeschichtlich Interessierte unbedingt lohnt, sich einige Tage in diesem Areal aufzuhalten: Die Atmosphäre des frühen Christentums scheint dort auf einzigartige Weise noch lebendig zu sein. Besagter Pater ließ die Grundmauern der Basilika, Gräber und viele andere Überreste der Stadt Salona freilegen. Auch im Museum von Split sind heute viele dieser Fundstücke zu sehen.

Als ich mich vor einiger Zeit in den Ruinen des antiken Salona aufhielt, fragte ich meinen Begleiter, einen sachkundigen, vor Ort tätigen Archäologen, ob er sich vorstellen könne, daß jener Pater möglicherweise alle Fundstellen, die seiner Kirche nicht ins Konzept paßten, wieder zuschütten oder die Grabung an diesen Stellen einfach nicht fortsetzen ließ.

Ein verschmitztes, vielsagendes Lächeln war die Antwort, gefolgt von der lapidaren Bemerkung:»Wir brauchen Geldmittel. Wenn wir weiterarbeiten können, wissen wir sicher bald schon mehr.«

Als jener Pater vor rund hundert Jahren in Split tätig wurde, war er nicht allein. Vielmehr wurde seinerzeit eine christlich-archäologische Gesellschaft gegründet, der überwiegend Geistliche angehörten. Das Interesse dieser Herren an Salona und seinen archäologischen Überresten mag durchaus ehrenwert gewesen sein, und ich möchte ihre Verdienste auch keineswegs schmälern. Aber der Gedanke drängt sich förmlich auf, daß diese Geistlichen den diskreten Auftrag hatten, unter dem Deckmäntelchen der Archäologie mehr zu verdecken als aufzudecken.

Dennoch ist es auch diesen Herren nicht gelungen, die Spuren des Wirkens von Johannes ein für allemal auszulöschen. Nach allem, was wir heute wissen, harrt die geheimnisvolle Amphore mit den Schriften des Johannes noch immer der Entdeckung – irgendwo in einer Berggrotte nahe dem heutigen Split.

14
Historische Verwirrspiele um das Johannesgrab

Die Küste Dalmatiens ist wild zerklüftet und fällt an manchen Stellen steil zum Meer hin ab. Zahlreiche kleine und größere Inseln sind den Buchten vorgelagert, an denen das Bergmassiv etwas zurücktritt und ein wenig Raum für menschliche Siedlungen läßt. Der italienische Stiefel und die dalmatische Küste liegen sich an der Adria wie Ufer eines gewaltigen Flusses gegenüber (siehe Abbildung 46).

Der küstennahe Seeweg von den antiken Hafenstädten Griechenlands nach Italien oder umgekehrt führte unter anderem an der dalmatischen Küste entlang. Geeignete Schiffe konnten von dort aus bei günstigen Winden auch den direkten Weg nach Italien wagen. Dank dieser günstigen Winde entwickelten sich bestimmte Küstenplätze zu Hafenstädten. So diente der Hafen des heutigen Dubrovnik als Fährhafen, von dem aus man nach Bari übersetzte. Dagegen wurde die Küstenregion um das heutige Split zum Übersetzen in Richtung des heutigen Ancona genutzt.

Als Griechenland in der Antike auf dem Höhepunkt seiner Macht war, gebrauchte es den Süden des heutigen Italien als Sträflingskolonie bzw. als Region, in die man politische Rebellen oder sonstige unliebsame Gegenspieler verbannte – wie es zum Beispiel Pythagoras erging, der nach Bari abgeschoben wurde.

Zunächst beuteten die Griechen die italienische Kolonie nach besten Kräften aus, doch bei den folgenden Generationen der deportierten Griechen verlor sich die ursprüngliche Bindung an die griechische Heimat. Auch dank der Nachfahren der Jünger des Pythagoras und anderer Verbannter stieg Italien nach und nach zur beherrschenden Regionalmacht am Mittelmeer auf. Später, als Rom zur antiken Weltmacht avanciert war, schlug das Pendel zurück, und Griechenland sank seinerseits zur Kolonie hinab, aus

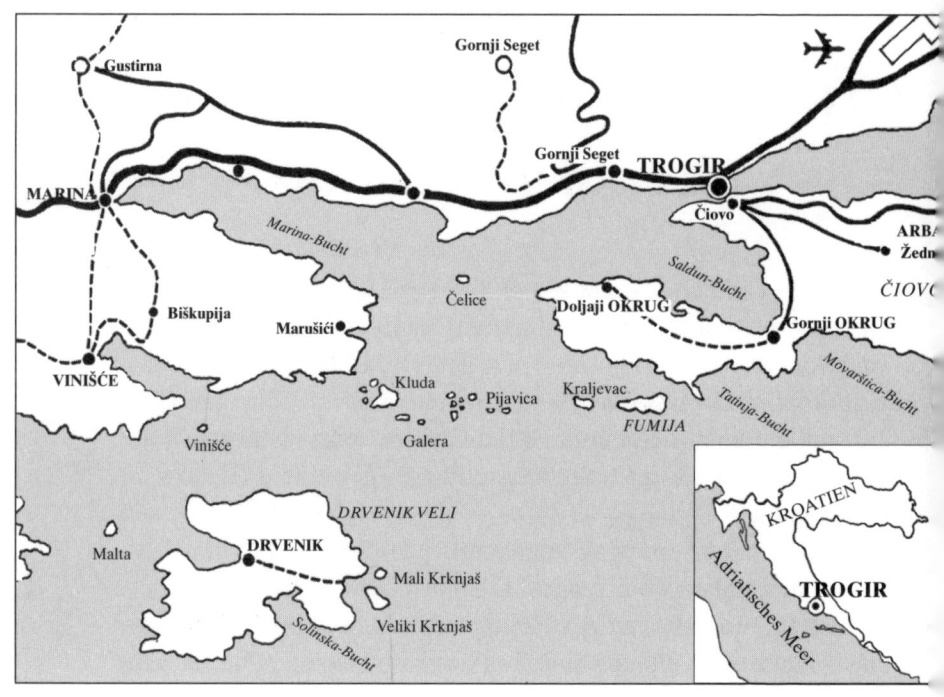

Abbildung 46: Küsten und Häfen der Adria bei Trogir

der nun die Römer Nutzen zogen. So blieb jedoch der Schiffsverkehr zwischen beiden Küsten rege, und nach wie vor nutzte man die dalmatischen Häfen als Stützpunkte zur Überfahrt von und nach Italien.

Weniger riskant war die Passage bis hinauf nach Triest und Venedig und dann auf der italienischen Seite die Adria hinab. Aber dieser Zugewinn an Sicherheit wurde durch Zeitverlust erkauft, und der Faktor Zeit spielte auch im Schiffshandel der antiken Welt eine bedeutende Rolle. Folglich entstanden Häfen und Handelsplätze überall dort längs der Küste, wo Schiffe leicht anlegen konnten und sich Handel mit dem Hinterland anbot.

148

Trogir in griechischer Zeit

Ein solcher griechischer »Anlegeplatz« war Trogir (von *Tragurion*, »Stätte, wo Ziegen grasen«) bereits im dritten Jahrhundert vor der christlichen Zeitrechnung. Aufgrund seiner Lage an der strategisch wichtigen Meerenge entwickelte es sich rasch zu einer gut befestigten Niederlassung mit Lagern und Werften. Schon griechische Historiker und Geographen wie Ptolomäus und Strabo erwähnen Trogir als »Insel und Stadt«, die zum griechischen Issa gehöre.

Nach dem Niedergang von Syrakus souverän geworden, hatte der griechische Stadtstaat Issa mehrere Kolonien auf der dalmatischen Seite gegründet, darunter Tragurion (Trogir), Salona (in der Nähe des heutigen Split) und Epetion (das heutige Stobrec). Historisch gesehen gelangte die Kultur der Griechen von den Inseln, welche die Hellenen mit ihren Schiffen als erstes ansteuerten, zum Festland. Hier wurde dann Tragurion zum ersten griechischen Stützpunkt jenseits der weiter vorgelagerten Inseln – eine Wahl, die auch angesichts der heutigen Gegebenheiten noch einleuchtet: Verständlicherweise benötigten die Griechen auf dem Festland einen Stützpunkt, um Nachschub zu beschaffen, darunter Holz für den Schiffsbau und Nahrungsmittel für die Siedler auf den Inseln. Zugleich mußte man diesen Brückenkopf leicht verteidigen oder zumindest schnell räumen können, falls es zu kriegerischen Auseinandersetzungen mit den Bewohnern des Festlands kam.

All diese Anforderungen erfüllte Trogir in idealer Weise: Zwar war es damals noch eine Insel, jedoch höchstens hundert Meter vom Festland entfernt – nah genug, um rasche Vorstöße aufs Festland zu ermöglichen, und zugleich fern genug, um Angreifer auf Distanz zu halten oder schlimmstenfalls rechtzeitige Verteidigungs- oder Fluchtvorbereitungen zu erlauben. Aus archäologischen Funden läßt sich schließen, daß die Bewohner von Trogir zwar oberflächliche Handelskontakte zu ihrer Umgebung unterhielten und mit deren Einwohnern zuweilen auch kriegerisch zusammenprallten, darüber hinaus aber vom Festland isoliert lebten.

Trogir und Salona
unter römischer Herrschaft

Als Johannes in Trogir eintraf (den Inschriften nach um 62 n.Chr.), betrat er also eine Stadt, die zu diesem Zeitpunkt seit mindestens 350 Jahren existierte und auf einer von den Griechen begründeten Hochkultur basierte. Allerdings war der Einfluß der Griechen längst im Schwinden begriffen: Die Römer beherrschten das Mittelmeer; seit dem Jahr 14. v.Chr. gehörte das gesamte Territorium der Illyrier dem römischen Reich an. Unter Kaiser Augustus hatte man begonnen, das Festland mit einem Straßennetz zu überziehen, befestigte Städte zu errichten – dreißig allein in der Küstenregion – und die Zuwanderung von Siedlern zu fördern.

Da die Römer in erster Linie festlandsorientiert waren, verlor Trogir seine strategische Bedeutung. Damit büßte es auch als Hafen und Handelsplatz an Bedeutung ein. Dennoch war die Stadt immer noch attraktiv und wichtig genug, um zahlreiche Menschen anzulocken, zumal sie sich nun in direkter Nachbarschaft von Salona befand, der etwa 25 Kilometer entfernten Hauptstadt der römischen Provinz Dalmatien.

Noch auf altrömischen Wegweisern erscheint Trogir als wichtiger Hafen und staatliche Kornkammer. In römischer Zeit war die Stadt mit dem benachbarten Salona gut verbunden. Landwirtschaft, Handwerk und Handel blühten. Während der ersten Hälfte des ersten christlichen Jahrhunderts verzeichnete Trogir sogar merkliches Wachstum.

Die eigentliche Gewinnerin dieser Entwicklung aber wurde das nahe dem heutigen Split gelegene Salona, nun die Hauptstadt der römischen Provinz Dalmatien. Die Stadt erhielt Mauern, Türme, Tore, Tempel, Theater und einen Aquädukt. Vielleicht entschieden sich die Römer wegen der Thermen, hier ihre Provinzhauptstadt zu errichten.

Von der einst mit 40 000 Einwohnern vergleichsweise riesigen antiken Stadt Salona sind heute nur noch Trümmer zu besichtigen. Dennoch können wir mit guten Gründen vermuten, daß sich die Einwohnerschaft nicht allein aus Illyriern, Griechen und Römern zusammensetzte: Die Römer brachten ihre Sklaven mit; aus dem Hinterland sickerten mehr und mehr arme Leute ein, die ihr Glück in der Stadt suchten. Überdies kamen Flüchtlinge aus vieler Herren Länder; sicherlich waren sie als Dienstboten, Straßen- und Bauarbeiter für die aufstrebende Provinzmetropole begehrt.

Die bekannte Toleranz (oder auch Gleichgültigkeit) der Römer in weltanschaulichen Fragen erlaubte es den unterschiedlichsten Gruppen, ihre religiöse Überzeugung ungestört zu leben, sofern sie nicht gegen römisches Recht verstießen. Gewisse Randgruppen, die selbst für römische Augen verdächtig wirken mochten, zogen es jedoch vor, abseits von Salona in weniger beachteten Orten wie Trogir oder dessen Umgebung zu siedeln. Da die Römer in der Nähe ein Kastell errichteten, um die Provinzhauptstadt vom Norden her zu schützen, gelangten mit den Söldnern weitere Volksgruppen aus verschiedenen Ecken des römischen Reichs in die Gegend, wodurch sich das kulturelle Gemenge in dieser Region noch verstärkte.

Die griechisch-jüdische Gemeinde von Salona und Trogir

Ohne Zweifel gab es um die Zeitenwende in Salona auch eine griechisch-jüdische Gemeinde. Ebenso steht außer Frage, daß sich zu dieser Zeit auch in der Umgebung des heutigen Trogir eine »Außenstelle« der griechisch-jüdischen Synagoge befand.

Für die Juden war es eine Zeit der Entwurzelung und Massenflucht: In den ersten Jahrzehnten nach der Zeitenwende, nach dem gescheiterten Aufstand von Caesarea, der späteren Zerstörung Jerusalems, das mit einem Bann belegt wurde, flohen die Juden vor den Römern immer weiter westwärts. Viele von ihnen tauchten in entlegenen jüdischen Gemeinden unter, wo kein römischer Beamter sie vermutete.

Ein solcher Platz muß, darauf deuten noch die heutigen Anzeichen, Salona und mehr noch die Gegend um Trogir gewesen sein. Teils

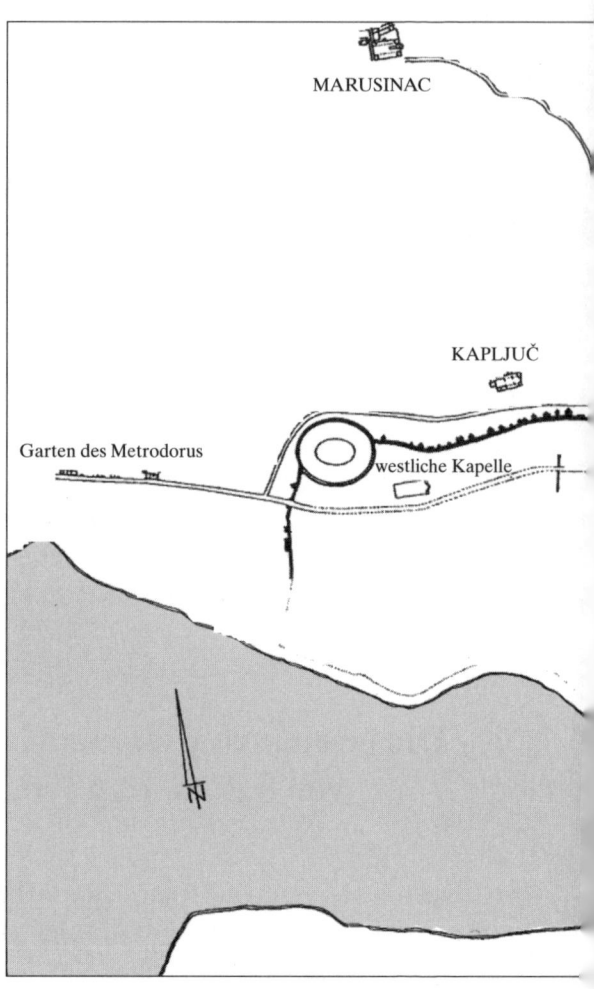

MARUSINAC

KAPLJUČ

Garten des Metrodorus

westliche Kapelle

Abbildung 47:
Salona und Um-
gebung

vor, teils mit dem Apostel Johannes trafen damals vermutlich viele jüdische Flüchtlinge ein.

Ob Johannes im Raum Trogir tatsächlich längere Zeit gelebt hat,
werden weitere Forschungen erweisen müssen. Eindeutig zeigen
die Inschriften jedoch, daß er ab dem Jahr 62 als »Bischof« der dortigen Gemeinde gewirkt hat. Das kann selbstverständlich nur eine
jüdische Gemeinde gewesen sein, die sich für die Lehre Jesu auf-
geschlossen zeigte oder ihr bereits anhing, als Johannes in Trogir
eintraf.

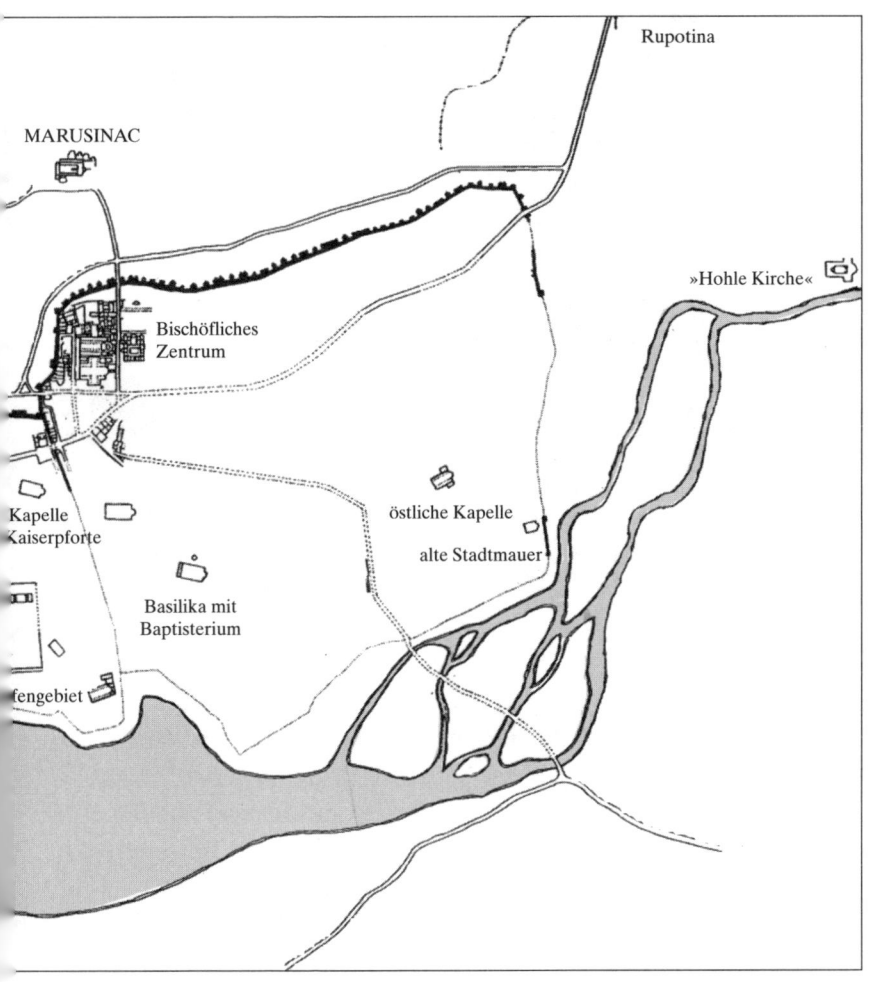

Rupotina

MARUSINAC

»Hohle Kirche«

Bischöfliches
Zentrum

Kapelle
Kaiserpforte

östliche Kapelle

alte Stadtmauer

Basilika mit
Baptisterium

...engebiet

Versuchen wir vor diesem historischen Hintergrund nochmals zu
rekonstruieren, was während der durch den Untergang des Römischen Reichs ausgelösten Wirren mit den Gebeinen des Apostels
geschehen sein mag:

Als Johannes' Todesdatum wird in römisch-katholischen Ge-
schichtsbüchern allgemein das letzte Jahrzehnt des ersten Jahrhunderts n.Chr. angegeben (wobei wieder an die oben geschilder-
ten Rückrechnungsprobleme zu erinnern ist). Diese Annahme
deckt sich mit der versteckten Kirchenbotschaft aus der Renais-

153

Grabplatte

Abbildung 48: Brunnenkopf und Inschrift in der Kathedrale von Trogir

sance, nach welcher Johannes im Jahr 99 gestorben und beigesetzt worden sei.

Nach meinen Erkenntnissen, gewonnen aus verschlüsselten Renaissance-Inschriften in der Kathedrale von Trogir, bestattete die jüdisch-christliche Gemeinde den hochbetagten heiligen Mann auf dem griechischen Friedhof, der sich zu jener Zeit auf der Insel befand. Es ist durchaus vorstellbar, daß er in Salona gewirkt hatte, dort aber nicht beigesetzt werden konnte, weil der in der Provinzmetropole praktizierte römische Ritus keine Bestattung nach jüdischem Gesetz zuließ. Dagegen bestand der griechische Friedhof und Glaubenshain mit Sicherheit unter römischer Herrschaft weiter, lediglich angereichert um einen (römischen) Apollobaum.

Diese Angaben lassen sich durch weitere Indizien untermauern: Die Marmortafel mit der Inschrift CORPUS D. IOANNIS HIC INVENTUM im Fußboden der Kathedrale von Trogir ist nur etwa einen Meter von einem Brunnen bzw. von einem Brunnenkopf entfernt (siehe Abbildung 48). Die Hinweise auf den römischen Apol-

154

lobaum und den Brunnen kann man nur in der Geheimschrift der Kirche entziffern. Wer also diese Kunst nicht beherrscht, übersieht den Brunnen in der Nähe der Marmorplatte bzw. vermag dessen Bedeutung nicht zu erkennen.

Dem Kundigen stellt sich dagegen die Frage: Handelt es sich um ein und denselben Brunnen, in dessen Nähe Johannes um 99 n.Chr. erstmals bestattet worden war?

15

Der Palast
des Kaisers
Diokletian

In alter Zeit wirkte Trogir, zwischen dem Festland und einer lang-
gestreckten Insel gelegen, wie eine Schleuse, die jedem unerwünschten Besuch von dieser Seite der Adria einen Riegel vor-
schob. Ursprünglich konnten die Schiffe also beiderseits der Insel
vorbeifahren und von dort aus kontrolliert oder auch abgewehrt
werden. Erst zur Zeit der napoleonischen Besetzung wurde die Insel künstlich vergrößert: Seither erstreckt sich eine breite Prome-
nade, wo einst die Schiffe zwischen Insel und Festland dümpelten.
Lange vorher jedoch, in römischer Zeit, erwählte Kaiser Diokletian um 295 n.Chr. die Bucht von Trogir, um dort seinen Altersruhesitz erbauen zu lassen.

Der Palast des Diokletian liegt etwa 25 Kilometer von Trogir entfernt. Warum der römische Kaiser ausgerechnet dort lieber »Kraut-
köpfe«, wie er einstmals gesagt haben soll, anbauen wollte, als noch
einmal in Rom die Regierungsgewalt zu übernehmen, gilt bis heute unter Historikern als unergründliches Rätsel. Wenn man jedoch
in Betracht zieht, daß sich in Trogir eines der großen Geheimnisse
der Christen befand, werden seine Handlungsweise und manche
Ereignisse aus seiner Zeit wie auch aus den folgenden Jahrhunderten sehr viel verständlicher.

Tatsache ist jedenfalls, daß Diokletian etwa 200 Jahre nach dem Tod
des Apostels einen prächtigen Palast in unmittelbarer Nähe des Johannesgrabs erbauen ließ. Offensichtlich kannte er die Bedeutung
des Evangelisten für die Bewegung der Christen. Ließ er um 305
n.Chr. die sterblichen Überreste des Johannes in seinen Palast bringen?

Christ oder
Christenverfolger?

Die Epoche, aus der uns die letzte Botschaft vom Grab des Johannes sichtbar in Schrift und Bauwerk überliefert worden ist, liegt nur etwa 550 Jahre zurück. Johannes selbst ist jedoch schon seit rund 1900 Jahren tot – eine gewaltige Zeitspanne, die gewiß teilweise erklärt, weshalb so viele Spuren seines Wirkens in Trogir und Salona längst verwischt sind.

Andererseits sind uns beispielsweise altägyptische Berichte auf Papyrus und Mauerwerk überliefert, die tausend oder sogar 1500 Jahre älter sind als die Epoche des ersten Bischofs von Trogir. Allerdings handeln diese Zeugnisse fast ausnahmslos von wirtschaftlichen oder politischen Sachverhalten, die seinerzeit als kaum strittig galten und vor allem nicht mit einer Weltanschauung verbunden waren. Dagegen wurden auch im alten Ägypten etwa Berichte über umstrittene Reformen regelmäßig in dem Augenblick zerstört, da die betreffenden Reformer die Oberhand gewannen. Bei solchen Säuberungen pflegte man das überlieferte, oftmals über Jahrhunderte und Jahrtausende in Schrift und Bild gepflegte Gedankengut umgehend zu eliminieren und religiöse oder andere Bauwerke so umzufunktionieren, daß sie den neuen Anschauungen entsprachen. Ein historisches Beispiel hierfür wären die Vorgänge um den Pharao Echnaton (ca. 1300 v.Chr.), der den Monotheismus einführte und dessen Spuren man unmittelbar nach seinem Tod zu zerstören begann. Ähnliche ideologische Säuberungen lassen sich in allen Kulturen und Epochen nachweisen. Immer wieder wurden Statuen umgestürzt, Bilder gestürmt, Menschen in Umerziehungslager gesperrt.

In dieses unerfreuliche historische Muster fügen sich auch die mehrfachen Versuche, die Spuren des Johannes und seiner Anhänger an der Ostküste der Adria zu verwischen. Nachdem die Erinnerung an den großen Apostel und seine Lehre im 3. nachchristlichen Jahrhundert weitgehend eliminiert worden war, geschah jedoch Anfang des 4. Jahrhunderts etwas Unerwartetes: Nach allem,

Abbildung 49: Römische Münze mit dem Bildnis des Kaisers und der Aufschrift *Augustus Diocletianus*

was wir heute wissen, sah sich ausgerechnet der angeblich »heidnische« römische Kaiser Diokletian berufen, das Andenken des Apostels Johannes zu restaurieren und dem Heiligen einen Verehrungstempel zu erbauen.

Kurze Zeit später wurde dieser Kult um Johannes durch Diokletians Nachfolger Constantius I. erneut zerstört, woraufhin die Anhänger Johannes' dazu übergingen, das Geheimnis um den Evangelisten in Salona im Untergrund zu hüten. Hierbei dürfte sie die Tatsache ermutigt haben, daß der einst mächtigste Mann dieser Erde, der römische Kaiser Diokletian, erstaunliche Anstrengungen unternommen hatte, um den Apostel zu ehren und sein Vermächtnis der Nachwelt zu überliefern.

Zwanzig Jahre nach seiner Wahl zum Regenten Roms machte der gebürtige Salonitaner[44] tatsächlich seine Ankündigung wahr und dankte ab, um sich im Umkreis seines prächtigen Palastes dem Gemüseanbau zu widmen. Wer war dieser eigenwillige Mann, von dem die Fama berichtet, daß er nach seinem Rücktritt wieder seinen ursprünglichen Namen Diokles annahm?

Nur wenige Daten aus seinem Leben sind unter den Historikern unstrittig. Der Überlieferung nach wurde er im Jahr 245 n.Chr. in einem »Sklavenstübchen« nahe Salona geboren. Sein Vater soll ein niederer Schreiber gewesen sein. Trotz dieser geringen Herkunft gelang es ihm dank seiner »kriegerischen Tugenden«, in seinem vierzigsten Lebensjahr den Thron des mächtigsten Reichs der antiken Welt zu erklimmen. Zweifellos kannte Diokletian sein weitläufiges Reich aus eigener Anschauung: Er war in Ägypten und Antiochien, in Griechenland und selbst in Karthago gewesen.

Seine Frau Risca und seine einzige Tochter Valeria, Gattin seines Mitregenten Galerius, galten als Christinnen. Diokletian selbst aber steht bis heute in dem üblen Ruf, im 3. Jahrhundert eine große Welle der Christenverfolgung im römischen Reich entfesselt zu haben. Ohne Zweifel haben sich die siegreichen Petrus/Paulus-Christen an Kaiser Diokletian gerächt, indem sie seine Spuren zu verwischen, jede unabhängige Erinnerung an ihn zu unterdrücken versuchten: Kein Bild, keine Statue dieses Kaisers ist erhalten geblieben; lediglich auf einigen römischen Münzen, welche die Zeit überdauert haben, sind seine Gesichtszüge überliefert.

Doch aus allen geheimschriftlichen Hinweisen, die ich bislang entschlüsseln konnte, geht hervor, daß die römischen Christen Diokletian zu Unrecht der »Christenverfolgung« bezichtigt haben. Zwar trifft es zu, daß er innerhalb der christlichen Sekten seiner Zeit eine Säuberungsaktion durchführen ließ. Aber hierbei handelte es sich nicht um »heidnische« Verfolgung der Christen, sondern um Konflikte innerhalb der christlichen Bewegung, denen man im nachhinein eine andere Bedeutung unterschob.

Tatsächlich trachtete Diokletian nicht etwa, die Christenheit zu unterdrücken oder gar auszurotten, vielmehr bereitete er, im Gegenteil, die Einführung des Christentums als Staatsreligion des römischen Weltreichs vor! Offenbar wollte er aber zugleich die Lehren des Johannes in die christliche Religion wieder einführen und hierdurch wohl auch die Vormacht der Petrus/Paulus-Christen in Rom schmälern oder gar brechen.

Ebenso hatte er sich seinen Nachfolger Constantius zum Feind gemacht: Im Mai 305, bei der Feier anläßlich seiner Abdankung, warf Diokletian einem bis dahin unbekannten Jüngling den kaiserlichen Purpurmantel über. Tatsächlich wurde dieser junge Offizier namens Daja, der sich kurz zuvor in »Galerius Valerius Maximianus« hatte umbenennen lassen, neben Constantius zum zweiten Augustus gekürt.

Ob Constantius aus Verärgerung über Diokletian zum Parteigänger der Petrus/Paulus-Christen wurde, bleibe dahingestellt. Über das Ziel, den Jesuskult zur römischen Staatsreligion zu erheben, müssen sich beide vorher einig gewesen sein. Tatsächlich vollzog Constantius dann ja diesen Schritt, der jedoch einzig die Sekte der römischen »Heidenchristen« begünstigte.

Was könnte seinen Vorgänger Diokletian zu Säuberungsaktionen unter den Christen veranlaßt haben? Allem Anschein nach versuchte er aus rein machtpolitischen Gründen die Auseinandersetzungen zwischen den einzelnen Jesussekten, -flügeln und -fraktionen zu beenden, indem er einer Strömung zur Vormacht verhalf. Die künftige geschichtswissenschaftliche Forschung wird diese heiklen Fragen noch sehr sorgfältig untersuchen müssen: Bei den blutigen Konflikten, die nach christlicher Lesart bis heute als »Christenverfolgungen« gelten, könnte es sich in Wahrheit um Machtkämpfe zwischen »Judenchristen« und »Heidenchristen« sowie anderen Jesussekten gehandelt haben – um Rivalitäten folglich, die anscheinend auch mit der Waffe der Denunziation gegenüber römischen Beamten ausgefochten wurden.

Sicherlich flößt die Vorstellung, daß die frühen Christen selbst einander unter frommen Vorwänden den römischen Henkern ausgeliefert haben könnten, Unbehagen oder sogar Abscheu ein. Ebensowenig aber kann uns der Gedanke behagen, daß Opfer interner Machtkämpfe anschließend zu Märtyrern erklärt und bis heute als solche fanatisch verehrt werden. Denn die Verehrung von Märtyrern zieht fast unweigerlich neues Blutvergießen im Lager der jeweiligen »Feinde« nach sich – nicht nur damals, sondern noch in heutiger Zeit.

Nachdem sich die römische Petrus/Paulus-Fraktion in der zweiten Hälfte des vierten nachchristlichen Jahrhunderts endgültig durchgesetzt hatte, diente die Legende vom römischen »Christenverfolger« Diokletian vermutlich zur Versöhnung und Integration derjenigen Jesusanhänger, die bei den internen Machtkämpfen unterlegen waren. Dabei folgte man einem so schlichten wie suggestiven Argumentationsmuster:

Die heidnischen Römer vor Constantius hatten die Christen verfolgt. Der letzte römische Kaiser vor Constantius war Diokletian – ergo wurde er zum Sündenbock ernannt und die Erinnerung an ihn teils unterdrückt, teils so umgefälscht, daß er der Nachwelt als jener Kaiser erschien, der die »alten römischen Götterkulte« wiederzubeleben versuchte.

Dabei war dieser Kaiser nach allem, was uns die Bauten und Inschriften von Trogir und Salona verraten, ein glühender Anhänger des Lieblingsjüngers Jesu – eben jenes Johannes, von dessen Wirken und Bestattung in Salona und Trogir der Kaiser irgendwann vor oder während seiner Regentschaft erfahren haben muß. Nur so läßt sich erklären, weshalb er in der Bucht des heutigen Split jenen monumentalen Palast errichten ließ – genaugenommen eine *Stadt* in der äußeren Form eines römischen Kastells, die bei näherer Betrachtung sehr an die biblische Stadt Gottes, das Neue Jerusalem, erinnert.

Das Bekenntnis
im Namen

Wer war dieser Diokletian wirklich, und was wußte er von dem Geheimnis um Johannes?

Der Überlieferung nach ein gebürtiger Illyrer, stammte Diokletian möglicherweise von den ersten Siedlern ab, die lange vor der Unterwerfung Illyriens und der Gründung von Salona dort bereits lebten. Demnach könnte er zum »Adel« der Region gehört haben, und falls sein Vater wirklich Schreiber war, wie die Überlieferung beteuert, dürfte seine Familie innerhalb der Hierarchie der Sklaven zu den tonangebenden Clans gezählt haben.

Während Diokletian in Salona oder irgendwo im Hinterland aufwuchs, wird die Erinnerung an den Apostel Johannes und sein Wirken in Trogir und Salona noch äußerst lebendig gewesen sein. Gut möglich sogar, daß bereits seine Familie zu den Anhängern des Johannes gehörte. Mit Sicherheit werden wir diese Frage wohl nie beantworten können: Falls es darüber jemals Aufzeichnungen gab, werden die Petrus/Paulus-Anhänger sie später vernichtet haben. So können wir heute fast nur noch von den Taten Diokletians auf seine Beweggründe schließen.

Darüber hinaus aber verrät ihn sein Erbwort, der Name, ungeachtet der Frage, ob dieser nun später angenommen oder bei der Geburt verliehen wurde. Nach seiner Thronbesteigung trug er den Namen Caius Aurelius Valerius Diocletianus. Lesen wir den Namen Diokletianus im Hinblick auf verschlüsselte Botschaften aus, so erhalten wir folgende spektakuläre Glaubensaussagen:

DIO	KLET		IAN(US)
Gottes	*Schlüssel*	*(ist)*	*Johannes*

oder:

Gebrauche Ioannes als Schlüssel zu Gott.

In diesem Zusammenhang ist erwähnenswert, daß bis heute kein Papst der Petrus/Paulus-Christen den Namen Christian annehmen durfte. Warum nicht? Neben dem Initial-C, das allein Christus vorbehalten sein soll, empfinden vatikanische Insider an diesem Namen vor allem die Endsilbe als heikel:»Christ-Ian« gilt als verstecktes Bekenntnis des Namensträgers bzw. seiner Eltern zu einer inakzeptabel häretischen Glaubensaussage:

CHRIST – IAN
Christus = Ioannis

Was lehrt uns diese kleine Abschweifung in das klerikale Spiel mit verborgenen Namensbotschaften? Kurz gesagt: Hätte der Augustus des römischen Reichs, der von 284 – 305 n.Chr. regierte, einen »neutralen« Namen wie Claudius oder Tiberius getragen, so könnte man es immerhin für möglich halten, daß er jene antichristlichen Schandtaten beging oder veranlaßte, welche die römische Kurie ihm bis heute nachsagt.

Aber ein Augustus, der zu Beginn seiner Regentschaft den Namen Dioclet-Ianus annahm? Das ist schlechterdings nicht vorstellbar.

Glaubenskampf um Alexandria – eine Zeittafel

In der folgenden Zeittafel sind wichtige Ereignisse und Strömungen aus der Zeit Diokletians zusammengefaßt. Hierbei fällt auf, daß ein verborgenes Leitmotiv sowohl der römischen Politik als auch der innerchristlichen Machtkämpfe der »Kampf um Alexandria« gewesen sein könnte – die Unterwerfung dieser Hochburg der Gnosis, die sowohl Johannes als auch Diokletian aus eigener Anschauung kannten.

163

Jahr n. Chr.	Ereignis
203	Gnostizismus-Bewegung innerhalb der Christen; Johannes gilt als der Gnostiker unter den Aposteln. (Tatsächlich war er in Alexandria, der Hochburg der Gnostiker.)
um 245	Diokletian wird geboren.
ab 284	Diokletian wird Kaiser; Reise u.a. nach Alexandria. Versucht er die Gnosis innerhalb der Christenbewegung durchzusetzen?
305	Diokletian zieht sich in seinen Palast bei Salona zurück.
306	Constantius I. (der Große) wird zum Nachfolger Diokletians gekürt.
316	Diokletian stirbt in seinem Palast.
325	Constantius I. anerkennt das Petrus/Paulus-Christentum als römische Staatsreligion. Erstes Kirchenkonzil zu Nicäa und Streit zwischen Arius von Alexandria (!) und Athanasius. Constantius I. entscheidet gegen Arius und damit indirekt auch gegen Johannes und die Gnostiker.
328	Athanasius wird Bischof von Alexandria, der Hochburg der Gnostiker.
335	Der Streit zwischen Athanasius und den Arianern geht weiter. Athanasius unterliegt und wird insgesamt dreimal verbannt – ein deutliches Anzeichen dafür, daß der Kaiser aus rein politischen Gründen für Athanasius und die Petrus/Paulus-Fraktion Partei ergriffen hatte.
337	Constantius I. stirbt, nachdem er sich auf dem Totenbett taufen ließ.
390	Christen (vermutlich von der Petrus/Paulus-Fraktion) verbrennen die Serapeion-Bibliothek in Alexandria (200 000 Buchrollen). Die Gnostiker müssen in den Untergrund gehen.

Etwa um die gleiche Zeit verschwand aus dem Diokletian-Mausoleum im Palast des einstigen Augustus der purpurne Überzug des Sarkophags. Dies berichtet zumindest der antike Schriftsteller Amijan Marcelin, und ich halte diesen Hinweis für um so wichtiger, als sich auch aus seinem Namen (Ami-jan) unschwer herauslesen läßt, daß er aus einer Familie von Johannes-Anhängern stammte.

Was also wollte Amijan Marcelin andeuten, als er das Verschwinden des purpurnen Sarkophag-Überzuges erwähnte? Zwei Möglichkeiten bieten sich an:

- Der Purpurträger (also der Kaiser) befindet sich nicht mehr im Sarkophag, oder:
- Der Leichnam des Johannes wurde aus dem Mausoleum entfernt!

Denn anscheinend bestand ein geheimer Zweck des gesamten Palastbaus von Salona darin, eine sichere und geheime Stätte der Johannesverehrung zu errichten. Schon um 350 n.Chr. muß den Insidern jedoch klar gewesen sein, daß die Petrus/Paulus-Fraktion den innerchristlichen Machtkampf gewonnen hatte und die Johannesanhänger unterlegen waren. Die Konsequenzen vor Augen, ließen sie den Inhalt des Sarkophags – wohin auch immer – in Sicherheit bringen. Ebenso wurde der purpurne Überzug des Sarkophags entfernt, als Zeichen für die Eingeweihten, daß der Gegenstand ihrer Verehrung sich nicht mehr an dieser Stätte befand. Die legendäre Überlieferung mag daher im Kern wahr sein: Als er eines Tages geplündert werden sollte, hieß es, war der Sarkophag leer ...

Später ließen Petrus/Paulus-Christen den Sarkophag aus der Halle entfernen; seither gilt er als verschollen. Was einst als Verehrungshalle für Johannes konzipiert worden war, wurde durch eine Erweiterung entstellt und schließlich gezielt entwürdigt, indem die Kirchenhüter ein paar Gebeine von Heiligen oder Stiftern geringen Ranges dort deponieren ließen. Werden sich die Bischöfe des heutigen Split auch für diesen Akt der Verachtung vor dem Tribunal des Jüngsten Gerichts verantworten müssen?[45]

Diokletian – ein Verehrer
der Johanneslehre?

Einer Antwort auf die Frage, ob Diokletian ein Anhänger der Lehren Johannes' war, können wir uns heute nur noch nähern, indem wir seine Taten, soweit sie geschichtlich überliefert sind, und sein erstaunliches Bauwerk untersuchen, den sogenannten Altersruhesitz, aus dem die Stadt Split entstanden ist.

Als Reformer des römischen Weltreichs bewies Diokletian außergewöhnliche Tatkraft. Unter seiner Herrschaft wurde das Weltreich wirtschaftlich und politisch reorganisiert. So dekretierte er die Aufgliederung des Reichs in zwei Herrschaftsteile, aus denen letztlich das West- und das Oströmische Reich hervorgingen.

Nachdem er durchgesetzt hatte, daß die monarchische Gewalt auf einen Augustus und einen Caesar (Thronfolger) aufgeteilt wurde, ging er sogar noch weiter und verteilte die Macht auf je zwei Augusti und Caesaren. Hierbei ließ er sich anscheinend von der Idee leiten, daß man das riesige Weltreich als Ganzes nicht weiter ausdehnen könne, während die Teilung neues Wachstum der beiden Hälften ermöglichen würde.

Offiziell in der Absicht, dieses System weiter zu festigen, wählte er für sich im Jahr 293 n.Chr. den östlichen Teil des Kaiserreichs mit Nikomedia (heute Izmit) als Hauptstadt. Wie erklärt sich diese Handlungsweise? Weshalb wählte der mächtigste Mann des Reichs nicht die attraktivere Hälfte mit der bisherigen Hauptstadt Rom, den kulturellen Einrichtungen, dem intakten Regierungsapparat und so weiter, sondern entschied sich für den schäbigeren, ärmeren, weniger mächtigen, weitaus weniger glanzvollen Teil?

Um 293 n.Chr. ordnete er auch den Bau des Palastes von Salona an, in den er sich nach seiner Abdankung zurückziehen wollte. Mit ungeheurem Kraftaufwand ließen daraufhin seine Baumeister Zotikos und Philotos innerhalb von nur gut zehn Jahren eine ganze Stadt aus dem Boden stampfen, die fast einem Weltwunder gleichkommt.

Nach meiner Überzeugung hat der damals mächtigste Mann des

römischen Reiches diese Palaststadt als Mausoleum und Stätte der Johannesverehrung errichten lassen sowie im Hinblick auf die Wiederkehr des Johannes, der dereinst einen würdigen Thronsaal vorfinden sollte.

Warum aber gerade in der Bucht des heutigen Split, nahe Salona und Trogir? Weil man nach urchristlicher Überzeugung davon ausging, daß ein jeder am Jüngsten Tag just an der Stelle wieder zum Leben erwachen werde, wo seine sterbliche Hülle beigesetzt worden war. Darum gedachte man, wie gesagt, auch der Heiligen der Kirche am Jahrestag ihres Todes oder der Beisetzung, also an ihrem Geburtstag in der anderen Welt – und zwar neben dem Grab, in dem ihre sterblichen Überreste bestattet waren.

Als Dioklet-Ian, das heißt als Verehrer des Johannes, scheint der mächtigste Mann des spätantiken römischen Reichs gewußt zu haben, wo die sterblichen Überreste des Johannes lagen und welche Bedeutung dem Lieblingsjünger Jesu zukam. Und er scheint sich verpflichtet gesehen zu haben, alles Erforderliche zu unternehmen, damit der Nachfolger Jesu bei seiner Wiederkehr eine würdige Stätte für sein Tribunal und seine Regentschaft vorfinden würde. Diese Regierungsstätte des wiederkehrenden Johannes ist der sogenannte Diokletian-Palast im heutigen Split.

Die Stadt Gottes

Der Palast wurde im mittleren Teil der Halbinsel errichtet, die sich mit einer Spitze ins Meer erstreckt und an deren anderem Ende die einst griechischen, später römischen Siedlungen Salona und Epetium lagen. Im Westen endet die Halbinsel mit dem Berg Marjan, der bis zu 178 Meter Höhe ansteigt und am Kap Sankt Georg zum Meer hin abfällt. Auf diesem Berg befand sich in alter Zeit ein Heiligtum der Göttin Diana.

Landeinwärts erhebt sich ein bis zu 677 Meter hohes Gebirge mit nackten Steilgipfeln. Wie eine hohe Mauer schützt es Salona und den Palast von Norden her vor den kalten Winden aus dem Hinterland wie auch vor feindlichen Angriffen. Weiter im Westen wird

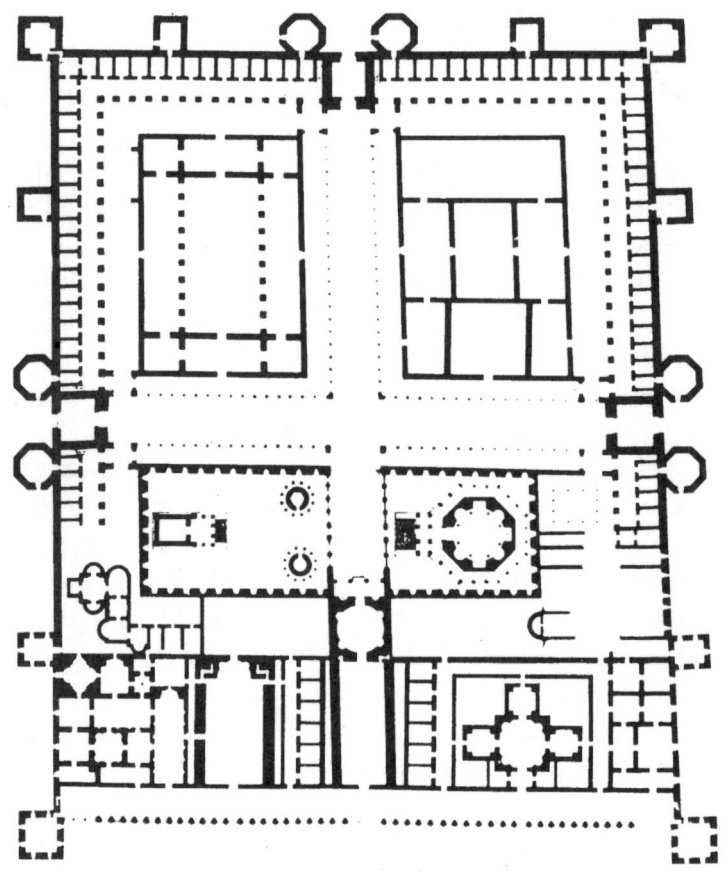

Abbildung 50: Grundriß des Diokletian-Palastes

die Bucht durch die Insel (heute Halbinsel) Trogir abgeschlossen, die zwischen dem Festland und der Insel Civo liegt.

In Spalatum, wie Split seinerzeit hieß, vor den Toren Salonas, wurde der Palast des Diokletian errichtet. Warum wählte der Kaiser keinen attraktiveren Ort für seinen »Altersruhesitz«, etwa den Berg Marjan, der einen wunderbaren Ausblick auf die Bucht erlaubt? Für die getroffene Ortswahl sprach immerhin, daß man direkt am Wasser bauen konnte: Mit seiner Südseite grenzte der Palast an die Wasserlinie, so daß später Galeeren und Schiffe das Kastell anfahren konnten. Doch über solche strategischen Erwägungen hinaus scheinen im wahrsten Sinn tiefgründigere Motive Diokletian bewogen zu haben, sich just für diese Stätte zu entscheiden: Im Diokletian-Palast fanden die Archäologen große, ornamentierte Steine, die aus dem 2. und 3. Jahrhundert n.Chr. stammen. Man ist heute der Ansicht, daß an dieser Stelle vor dem Palast ein monumentales Bauwerk gestanden haben muß, ein Tempel oder ein älterer Palast.

Aus den mir vorliegenden, in der kirchlichen Geheimschrift gelesenen Texten läßt sich mit der gebotenen Vorsicht folgern, daß Diokletian eine Annäherung bzw. sogar eine Vereinigung der Johannes-Christen und der Petrus/Paulus-Christen herbeiführen wollte. Rom sollte das Zentrum für die Petrus/Paulus-Anhänger bleiben, in Salona dagegen ein zweiter Mittelpunkt für die Jesus/Johannes-Gruppe entstehen. Beide Zentren sollten friedlich koexistieren – ein kühner Traum, der nicht einmal eine Generation nach Diokletian bereits wieder ausgeträumt war. Und doch erklärt diese Vision Diokletians, des angeblichen Christenverfolgers, weshalb sein Palast neben Elementen des römischen Landhaus- und Kastellstils auch wesentliche Komponenten der biblischen Stadt Gottes enthält.

Diokletians Residenz, die später auch von seinen Nachfolgern als Kaisersitz genutzt wurde, war als befestigtes Schloß mit rechteckigem Grundriß erbaut worden. An den drei Landseiten war der Palast von 2,1 Meter dicken Mauern und 16 Türmen umgeben. Die Mauern waren im Südtrakt bis zu 24, im Nordtrakt 17 Meter hoch. Nur an der Südseite, der Seeseite, wo sich die kaiserlichen Gemächer befanden, wurde die militärische Strenge durch prächtige Arkaden aufgelockert. Von Norden her erreichte man die kaiserlichen Gemächer durch eine offene Säulenhalle, von der aus man auch zu den Tempeln gelangte.

Die vom Westtor zum Osttor verlaufende Querstraße (Decumanus) teilt den Palast in zwei Teile, die gleich groß sind, sich aber hinsichtlich Form und Funktion stark unterscheiden (siehe Abbildung 51). Die seeseitige, also südliche Hälfte umfaßte die kaiserliche

Abbildung 51: Rekonstruktion des Diokletian-Palastes

Wohnung im ersten Südviertel und die Kulturräume im zweiten Viertel. Östlich und westlich der mittleren offenen Halle, des Peristyls, befand sich genau im Mittelpunkt des Palastes ein freier Platz. In der Nordhälfte, beidseitig der Hauptstraße (Cardo), die vom Nordtor zum Peristyl führt, standen zwei große Gebäude mit rechteckigem Grundriß, die sich hinsichtlich ihrer inneren Aufteilung spiegelbildlich entsprachen. Unmittelbar an der mächtigen Mauerbefestigung, die den Palast einrahmt, befanden sich die Räume des Wachpersonals im Erdgeschoß, die Wachtposten im Obergeschoß darüber.

In der Mitte der Südfassade befindet sich das Messingtor (Porta Aenea), an der Ostseite das Silbertor (Porta Argentea), an der Nordseite das Goldene Tor (Porta Aurea) sowie an der Westseite das Eiserne Tor (Porta Ferrea). Jedes dieser Tore war mit zwei achteckigen Türmen bewehrt. An jeder der vier Ecken des Palastes stand ein viereckiger Turm, zwölf Meter hoch, vier Meter breit und völlig schmucklos.

Dagegen scheute Diokletian an anderer Stelle bei der Ausschmückung keinerlei Kosten. So ließ er Granitsäulen und Sphingen aus alten ägyptischen Bauten entnehmen und via Alexandria herbeischaffen. Diese ägyptischen Säulen sind heute noch im Mausoleum des kaiserlichen Palastes zu besichtigen – ein Detail, das bei jedem anderen römischen Kaiser wenig zu besagen hätte; hier jedoch untermalt es eine starke indirekte Verbindung zwischen Johannes und Diokletian: den gemeinsamen Bezug zu Ägypten (Alexandria).

Nach Diokletians Tod im Jahr 316 (ein gleichfalls durch Rückrechnung entstandenes, nicht unbedingt vertrauenswürdiges Datum) verblieb der Palast noch lange Zeit im Besitz der römischen Kaiser und wurde den Bedürfnissen der wechselnden Bewohner entsprechend mehrfach umgebaut. Im Jahr 475, nach seiner Absetzung, floh der letzte weströmische Kaiser Julius Nepos in Diokletians Palast, von wo aus er den Zusammenbruch seines Reichs erlebte.

In der Folge blieb der Palast bis Anfang des 7. Jahrhunderts ein Bestandteil des Vororts der antiken Stadt Salona. Doch die damalige awarische Zerstörung von Salona änderte auch die Bedeutung des Palastes: Die überlebenden Christen zogen in das monumentale Gebäude, das so den Charakter einer richtigen Stadt annahm.

Das Mausoleum

Diokletians Baumeister errichteten zwei kultische Monumente im Auftrag ihres Herrn: das Mausoleum an der Ostseite und den Palasttempel an der Westseite des Perystils. Das erstere ist außen achteckig und im Innern rund, das zweite hat eine Viereckform mit einem *Pronaos* und einer *Cella*, wie bei Tempelbauten üblich.

Das Mausoleum ist gen Osten orientiert. Ursprünglich war es von einem geheiligten Hof umgeben, einem Rechteck von 39 Meter

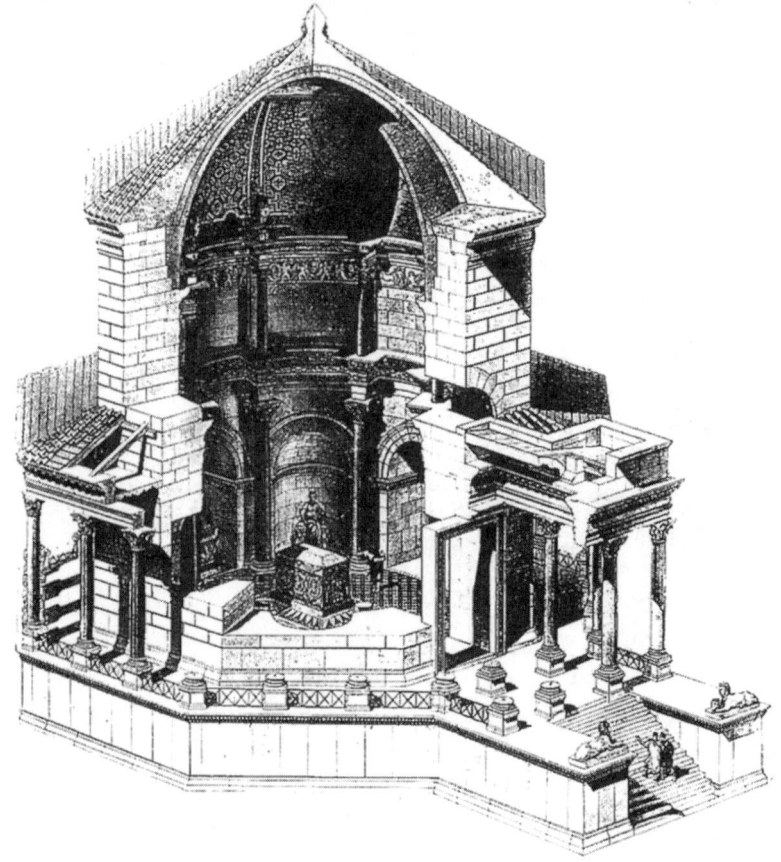

Abbildung 52: Das Mausoleum im kaiserlichen Palast (oberes Bild: Aufriß; rechtes Bild: Grundriß)

Länge und 35 Meter Breite. Es wurde aus großen Quadern errichtet; seine Wände sind 2,75 Meter dick und bilden einen runden Raum, die Cella. Die acht Seiten sind jeweils 7,6 Meter lang. Der ebenfalls achteckige Unterbau – Crepidoma –, dessen Seiten denen des Oberbaus entsprechen, ist 3,7 Meter hoch.

Der Haupteingang befindet sich im Westen. Man betrat das Mausoleum über eine breite, 16stufige Treppe. Der innere runde Raum mißt 13,35 Meter im Durchmesser und hat eine Höhe von 21,50 Metern.[46]

Je vier halbrunde und viereckige Nischen sind, abwechselnd mit jenen, welche die Türen enthalten, tief in die dicken Mauern einge-

172

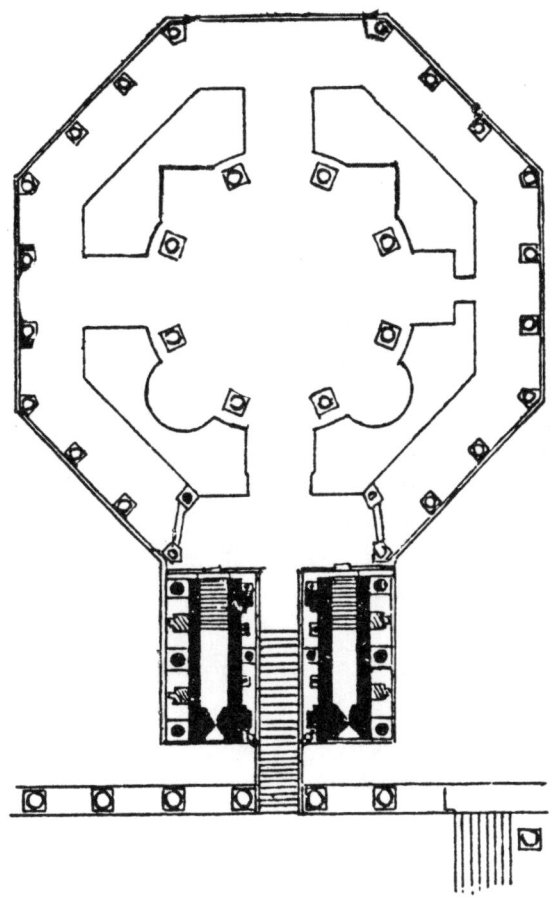

schnitten. Zwischen diesen Nischen ragen acht große korinthische Säulen aus Rosengranit auf. Über ihnen erhebt sich eine zweite Reihe von acht kleineren Säulen, je vier aus Porphyr und aus rotem Granit. Die Säulen reichen bis zum Ansatz der Kuppel in knapp 14 Meter Höhe, die dem heutigen Besucher besonders ins Auge sticht: Sie hat die Form einer geschlossenen halbsphärischen Kalotte und ist im Original erhalten.

In der Kuppel führte von der – rechts vom Eingang gesehen – zweiten Säulenreihe einstmals eine Treppe mit 24 Stufen empor. Das ursprüngliche Pflaster der Cella, gefügt aus kleinen viereckigen, weißen und dunklen Täfelchen, lag tiefer als die Eingangsschwelle, von der man zwei Stufen abwärts ins Mausoleum steigen mußte. In der Mitte stand auf einem Postament der Sarkophag aus rotem Porphyr, der zu Beginn des frühen Mittelalters entfernt wurde und seither verschollen ist. Zu beiden Seiten des Stufengangs, über den man ins Mausoleum gelangte, lagen zwei, möglicherweise sogar vier Sphingen, die man zusammen mit den Säulen aus Ägypten herangeschafft hatte.

Auch das Dach des Mausoleums ist achteckig, entsprechend den Seiten des Gebäudes. Auf der Kuppel befindet sich eine Blume aus Stein, die auf vier Tieren ruht. Ein solcher Schmuck ist auf alten Denkmälern selten zu sehen, weshalb man seit langem rätselt, was die steinerne Blume und die vier Tiere bedeuten sollen.

Das Innere des Mausoleums ist bei der Restauration Ende des letzten Jahrhunderts leider seiner Ursprünglichkeit beraubt worden. Die beiden senkrechten Säulenreihen, welche die Kuppel tragen, waren früher mit Mosaiken bedeckt. Das Vermächtnis Diokletians war hier wohl in der Gesamtheit der einstigen Ausschmückung zu suchen. Es manifestiert sich aber noch für den heutigen Besucher auch in den merkwürdigen Bodenplatten unterschiedlicher Größe, deren Fugen und Ecken, durch Linien in der richtigen Weise verbunden, geometrische Figuren ergeben würden.

Falls die Gebeine des Johannes, Diokletians Plan entsprechend, jemals in diesem Mausoleum ruhten, dann sicher nur für kurze Zeit. Bereits um 350 n.Chr. wurden die sterblichen Überreste nach meinen Erkenntnissen in eine Grotte auf dem Berg Marjan gebracht.

16

Die Felsspalte
des Hieronymus

Als Kaiser Theodosius im Jahr 395 n.Chr. beschloß, das Römische Reich zu teilen, um seine beiden Söhne gleichermaßen zufriedenzustellen, schlugen seine Berater vor, die Spaltung längs der lateinisch-griechischen Sprachgrenze auszuführen. Bei dieser Ordnung blieb es, so daß sich die Ostgrenze des jetzigen Kroatien noch ungefähr mit der alten Trennungslinie zwischen West- und Ostrom deckt.

Doch im Chaos des frühen Mittelalters lebte die romanische Bevölkerung in ständiger Angst vor Angriffen der »Barbaren«, die auf dem Balkan umherschweiften und ihren Platz an den warmen Ufern des Südens suchten. Das geschwächte Ostrom vermochte seine formelle Herrschaft faktisch kaum mehr auszuüben.

Wohl nur dank seiner Insellage entging Trogir dem tragischen Schicksal Salonas, das im Jahr 614 von Awaren und Slawen völlig zerstört wurde. Vom oströmischen Kaiser Heraklios (610–641) gerufen, verjagten die Kroaten die awarischen Invasoren.

In der Folge dieser Wirren zog sich die großenteils christliche Bevölkerung vor der wechselnden Herrschaft kroatischer und slowenischer Potentaten in das Küstengebiet und auf die Inseln zurück. Dort verbarg man die heiligen Gegenstände in Höhlen, Grotten und unzugänglichen Inselteilen – darunter auch die Reliquien des Johannes.

Erst nachdem die Kroaten unter Karl dem Großen christianisiert worden waren, konnten die dalmatischen Hüter ihre christlichen Schätze wieder in die Öffentlichkeit bringen. Von jener Zeit, da die Gebeine des Apostels anscheinend in einer entlegenen Grotte nahe dem heutigen Split versteckt waren, künden noch heute geheimnisvolle Zeugnisse – darunter ein Gemälde von Gentile Bellini (1426–1507), das in der Kathedrale von Trogir zu besichtigen ist (siehe Abbildung 53).

Das Bild zeigt den Heiligen Hieronymus vor einer Felsgrotte stehend, in der Hand ein Buch. Im Hintergrund sieht man die typische Landschaft der Inselwelt vor dem Berg Marjan.

Daß Hieronymus sowohl Salona als auch den Diokletian-Palast kannte, wird durch eine Korrespondenz dieses von Rom hochverehrten Heiligen mit dem seinerzeitigen Bischof von Salona belegt. Worin genau besteht aber die Verbindung zwischen Hieronymus, der auf dem Gemälde abgebildeten Grotte und dem Geheimnis um das Johannesgrab? Um diese Fragen zu klären, werfen wir einen Blick auf den bemerkenswerten Lebenslauf des heiligen Mannes, der etwa ein Vierteljahrhundert nach Diokletians Ableben zur Welt kam.

Irrwege
eines heiligen Mannes

Nach der Überlieferung wurde Hieronymus um 340 n.Chr. geboren. Er soll der Sohn christlicher Eltern gewesen sein, der in Rom getauft und erzogen wurde, ehe er sich in den Provinzen des Reichs auf ausgedehnte Reisen begab. Anschließend wandte er sich nach Kleinasien, also in das spätere Oströmische Reich, wo er erkrankte. Bis dahin ein lebenslustiger Mann von keineswegs sittenstrengem Gepräge, ging er im Alter von etwa 34 Jahren in sich und verwandelte sich zum entsagenden Sucher. In der Wüste von Chalkis, so berichtet die Legende, kasteite er seinen Körper, um sich zur »Enthaltsamkeit« zu erziehen.

Auch wenn der Erfolg dieser Maßnahmen dürftig geblieben sein soll, begann Hieronymus im Jahr 379 in Antiochia eine geistliche Laufbahn und wurde von seinem Freund Paulinus zum Presbyter gewählt.

Wir haben es demnach bei Hieronymus mit einem Petrus/Paulus-Christen zu tun, dessen Freund sich bereits durch seinen Namen –

Paulinus – zu den römischen Heidenchristen bekennt. Auffallend ist jedoch, daß sich Hieronymus bevorzugt im Gebiet der Johannes- oder Judenchristen aufhält.

Im Jahr 380 geht er nach Konstantinopel, um am Unterricht des Gregor von Nazianz teilzunehmen. Wie sprachgewandt er war, erkennen wir etwa daran, daß er die lateinische Chronik des Eusebios von Caesarea bearbeitete und erweiterte. Womit sich uns jedoch die Frage förmlich aufdrängt: Könnte es sein, daß Hieronymus bei seiner Bearbeitung den einen oder anderen Eintrag in dieser Chronik zugunsten der Petrus/Paulus-Christen verändert oder ergänzt hat?

Falls dem so war, scheint er sich bei dieser geheimen Mission bewährt zu haben: Bereits zwei Jahre darauf begleitet er Paulinus nach Rom, wo ihn der dortige Bischof Damasus beauftragt, die *Vulgata*, die lateinische Fassung der Bibel, zu revidieren. Seit Hieronymus diesen Auftrag abgeschlossen hat, gilt die *Vulgata* den Petrus/Paulus-Christen als maßgebliche Fassung der Heiligen Schrift.

Bis zu diesem Zeitpunkt seines Lebens war Hieronymus offensichtlich kein Johannes-Christ, sondern ein eifernder Anhänger der römischen Petrus/Paulus-Christen. Warum aber haben die Hüter des Johannesgrabs in Trogir viele hundert Jahre später diesen Hieronymus in der Kathedrale von Trogir verewigt? Die Antwort könnte darin bestehen, daß sich Hieronymus möglicherweise vom Petrus- zum Johannesanhänger wandelte.

Der Überlieferung nach gebärdete er sich noch in Rom als bigotter Asket, der Männer wie Frauen zur »Enthaltsamkeit« zu bewegen versuchte. Verärgert verließ er Rom und durchstreifte Palästina und Ägypten, um sich schließlich in Bethlehem niederzulassen. War das die Zeit in seinem Leben, da er sich zur Johanneslehre bekehren ließ oder selbst bekehrte?

Immerhin bewegte er sich in Ägypten auf den Spuren des Johannes und ließ sich sodann im Ursprungsland der Judenchristen, in Palästina und Bethlehem, nieder. Die Überlieferung berichtet, daß er dort Klöster gründete und sich der Pflege der Wissenschaft und Literatur widmete – ein weiteres Indiz für seinen vermuteten

Abbildung 53: In der Kathedrale von Trogir ist dieses Gemälde von Gentile Bellini (1426–1507) zu sehen, das den hl. Hieronymus vor einer Felsspalte zeigt.

178

Wechsel der christlichen Fraktion: Um Wissenschaft und Literatur kümmerte sich im 4. Jahrhundert noch kaum ein Petrus/Paulus-Christ.

Wenn dieser Verdacht aber zutrifft, wenn der hochgeachtete Revisor der Bibel, des Hebräischen mächtig wie kaum ein anderer seiner Zeit, ausgerechnet in Bethlehem plötzlich das Lager wechselte – welch ein furchtbarer Schlag für die römische Christenheit!

Johannes
und
Hieronymus

Bellinis Gemälde besteht aus zwei Teilen: In der rechten Hälfte ist Hieronymus abgebildet, auf der linken Seite dagegen Johannes der Täufer! Wie können wir die Botschaft dieser Anordnung verstehen?

- Johannes der Täufer ernennt Jesus zu seinem Nachfolger.
- Jesus ernennt Johannes zum Beschützer seiner Mutter – und damit womöglich auch zu seinem Nachfolger innerhalb der Religionsbewegung.
- Hieronymus schließlich wandelt auf den Spuren des Johannes bis Salona – ein Hinweis, daß er auch geistig auf die Linie der Johannes-Christen eingeschwenkt war?

Ich vermute sogar, daß noch mehr dahintersteckt: Hieronymus scheint in Salona auch das schriftliche Vermächtnis des Johannes eingesehen zu haben. Die zweite geheime Botschaft des Gemäldes in der Kathedrale von Trogir lautet demnach:
Dort, in der abgebildeten Grotte im Berg Marjam (oder einem der umliegenden Berge), befinden sich die Originalschriften des Johannes, auf die das Buch in der Hand des Heiligen symbolisch verweist.
Wenn Sie, liebe Leser, in der Landschaft um Split auf eine in Frage

179

Abbildung 54: Ist das die Stelle, die Bellini in seinem Gemälde abgebildet hat?

kommende Grotte stoßen, können Sie anhand des Gemäldes leicht überprüfen, ob es sich um die Höhle des Johannes handelt: Falls von dort aus die Adria und die typischen Inselformen zu identifizieren sind, die Bellinis Bild darstellt, handelt es sich um dasjenige Versteck im Fels, wo die mit Pech bestrichene Amphore mit den Schriftrollen des Johannes verborgen war bzw. mit hoher Wahrscheinlichkeit noch heute ruht.

17
Die geheimnisvolle Basilika der Heiligen Barbara

Bis zum 8. Jahrhundert war die romanische Bevölkerung Dalmatiens mehr und mehr zur Minderheit geworden. Die nun dominierenden Kroaten aber begannen im 9. Jahrhundert mit einer erstaunlichen Bautätigkeit: Überall auf der Insel wurden Miniaturkirchen errichtet.

Eines der ersten Bauwerke dieser Art war die Martinskirche – die spätere Kirche der hl. Barbara –, die heute in einer überdachten Straße von Trogir verborgen ist. Dieses nur bei Führungen zugängliche Bauwerk elektrisiert den auf Johannes' Spuren wandelnden Besucher. Ungeachtet ihres geringen Umfangs ist die Konzeption monumental: eine Basilika mit drei Schiffen, zu deren Verwirklichung man Säulen und Kapitellen aus dem 614 zerstörten Salona nutzte.

Jedes Detail dieser »ausgeschlachteten« Anlage spiegelt sich auch in der Johanneskapelle in der heutigen Kathedrale von Trogir wider, so daß sich der Gedanke aufdrängt, daß Bruchstücke aus dieser Basilika zur Ausschmückung der heutigen Kathedrale verwendet wurden. Tatsächlich deuten alle Anzeichen darauf hin, daß die als Martinskirche erbaute, heute als Kirche der hl. Barbara angesehene Basilika ursprünglich als Grabmonument für die Gebeine des heiligen Johannes errichtet worden und noch rechtzeitig vor der awarischen Zerstörung Salonas hierher in Sicherheit gebracht worden war.

Offenbar hatten also die Christen, die um das Jahr 600 in Salona lebten, angesichts der heraufziehenden Gefahr die Gebeine des in der dortigen Basilika heimlich verehrten Johannes zurück an den Ort gebracht, an dem man ihn zum ersten Mal bestattet hatte.

Auffälligerweise blieben von diesem Zeitpunkt an seine Gebeine vor weiterer Exhumierung und Umbettung verschont – so als ob

A = Grab des Johannes
B = Marienkirche
C = Barbara-Kirche

Abbildung 55: Die wechselnden Grabstätten Johannes' in Trogir

man auf ein geheimes Gebot gestoßen wäre, nach dem Johannes
nur am Ort seiner ersten Beisetzung in Frieden den Jüngsten Tag
erwarten könne. War dies der Grund, warum man in der Renaissance, als man wieder Griechisch zu lesen lernte und auf die Geheimnisse um Johannes stieß, ihn in Trogir in Frieden ruhen ließ?
Jedenfalls deutet alles darauf hin, daß das Geheimnis um sein Grab
ab dem Jahr 614 von sehr wenigen Menschen strikt gehütet und an
ebenso wenige Eingeweihte der jeweils folgenden Generation wei-
tergegeben worden war. Ungefähr ab dem Jahr 1100, der Epoche
der Kreuzfahrer, nahmen sich dann die Ritterorden des Geheimnisses an. Anschließend kümmerten sich Eingeweihte aus Siena
und später aus Venedig unauffällig um dieses Mysterium der Jesusbewegung. Diskret errichteten sie in Trogir eine Stätte, an der
(so die geheimen Inschriften) Johannes einst auferstehen und richten werde!

183

Abbildung 56: Aufnahme des Raumes Split/Trogir

Seit die Eingeweihten im 15. Jahrhundert die Johanneskapelle erbauten und diese letztmals im Barock verändert wurde, ist Ruhe
um das Grab des Johannes eingekehrt. Doch den verschlüsselten
Botschaften in der Kathedrale zufolge wird der Apostel am Jüngsten Tag über jeden richten, der in irgendeiner Weise, im Positiven
oder im Negativen, seine Person, Lehre und Schriften betreffend
gehandelt hat.

Anhang

1 Die Kathedrale von Trogir

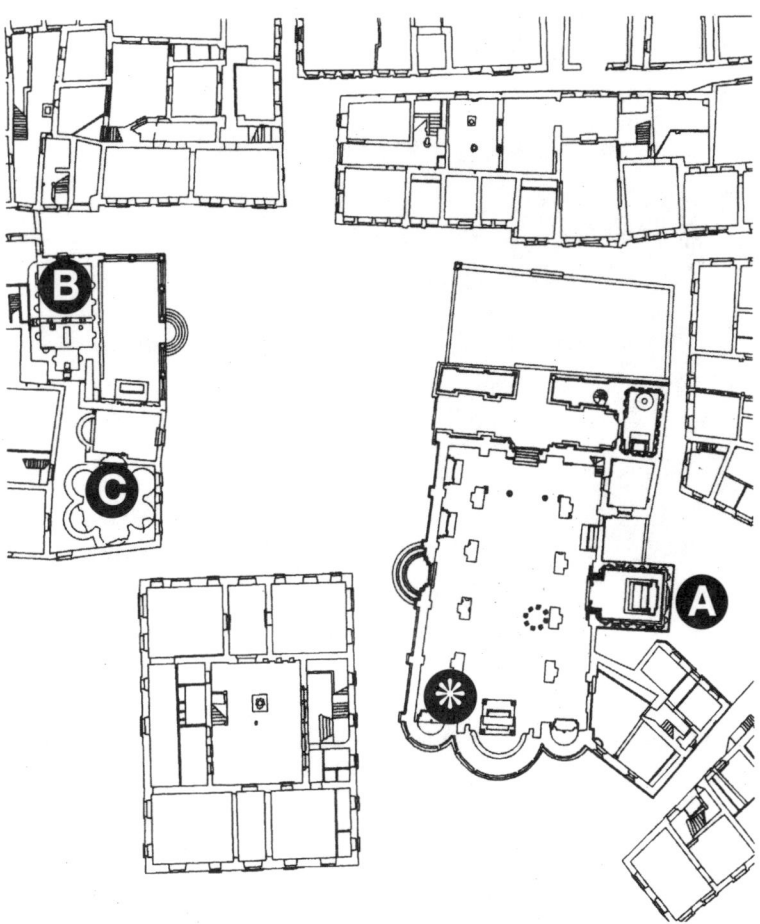

Abbildung 57: Grundriß der Kathedrale von Trogir

✳ CORPUS D. IOANNIS

   HIC INVENTUM

A Kapelle

B Barbara-Kirche

C ehemalige Marienkirche

Abbildung 58:
Das Hauptpor-
tal der Kathe-
drale von Trogir

Die Kathedrale von Trogir wurde zu Beginn des 13. Jahrhunderts über einer kleineren Kirche im romanischen Stil errichtet. Es dauerte Jahrhunderte, bis der Dom sein heutiges Aussehen erlangte. 1213 wurde das Südportal gebaut – der Eingang, der in direkter Linie nach Norden, in die Kapelle des Johannes, führt. Wer zum Grab des Johannes pilgern, nicht aber der Petrus/Paulus-Kirche seine Verehrung bezeigen will, sollte die Kathedrale also durch diese Tür betreten.

Erst um 1240 wurde der Bau des Westportals begonnen, des Eingangs der Kathedrale, den man heute als Hauptportal empfindet, da seine Pracht in ganz Kroatien nicht übertroffen wird. Das nach Meister Radovan benannte Westportal wurde erst im 14. Jahrhundert fertiggestellt. Dennoch trägt es eine 1240 gemeißelte Inschrift, die Radovan als ausführenden Künstler bezeichnet.

Das Westportal beeindruckt den Touristen durch unzählige, so kunstfertig ausgeführte wie ikonographisch vielschichtige Figuren. Alles, was einem gläubigen Volk in einer gotischen Kathedrale gemeinhin vor Augen geführt wird, ist auch hier vertreten: Szenen aus dem Leben Jesu, von der Verkündigung bis zur Auferstehung. Die Erbsünde von Adam und Eva. Das Jüngste Gericht, nach romanischer Tradition als Drohung und Ermahnung dargestellt ...

Schon wieder das Jüngste Gericht? Im Zusammenhang mit den Mystifikationen um Johannes begegnet es einem tatsächlich auf Schritt und Tritt. Aber wie wir sahen, waren sich jene, die im Dom von Trogir das Johannesgrab gestalteten, ihrer Verantwortung vor dem Jüngsten Gericht zweifellos aufs peinlichste bewußt.

Inwiefern in der Beschriftung der Portalreliefs verschlüsselte Botschaften, betreffend die Kathedrale von Trogir und das Geheimnis um Johannes, versteckt sind, wird die Zukunft zeigen müssen.

Das Ziborium

Der heutige Hauptaltar ist Maria geweiht; darüber befindet sich ein Ziborium aus dem 14. Jahrhundert. Die Schatzkammer birgt Werke der Goldschmiedekunst, Stickereien, ein gotisches Triptychon aus Elfenbein und mittelalterliche illuminierte Kodexe. Eine verschlüsselte Inschrift weist den Kundigen in die Funktion ein.

Abbildung 59: Das Ziborium der Kathedrale von Trogir

Das Chorgestühl

Auffällig ist auch das Chorgestühl. Offenbar besteht ein innerer Zusammenhang zwischen den Nischen in der Johanneskapelle, in denen die Statuen der Apostel stehen, und diesen Sitzgelegenheiten.

Die gotischen Chorstühle wurden 1440 – also vor dem Bau der Johanneskapelle – von Ivan Budslavic geschnitzt. Das Gesamtkonzept scheint demnach eine beträchtliche Zeitspanne vor dem Bau der Kapelle schon existiert zu haben.

Auf der Kanzelseite sind 14 (zweimal sieben) und gegenüber 18 (zweimal neun) Sitzplätze vorgesehen. Auch diese Zahlen fügen sich der oben entwickelten »inneren Mathematik«: 32 Stühle entsprechen einem Drittel der 96 Seraphim am »Himmel« über dem Sarkophag des Johannes!

Die Kanzel

In der dreischiffigen Kathedrale sticht die achteckige Steinkanzel aus dem 13. Jahrhundert ins Auge, die auf Säulchen mit romanischen Kapitellen ruht. Am Tag des Jüngsten Gerichts, so die Überlieferung, soll die Kanzel dem Ankläger als Plattform für seinen Auftritt dienen. Die 32 Würdenträger, die dann im Chorgestühl sitzen werden, sollte man sich als Verteidiger der Seele vorstellen, die vor dem Tribunal zu erscheinen hat.

An diesem Jüngsten Tag wird Johannes richten – wobei vorerst offen bleibt, ob zusammen mit Jesus oder in Seinem Namen.

2 Abmessungen des Diokletian-Palasts und ihre mögliche Bedeutung

Der Diokletian-Palast ist zirka 154 Meter breit und 191 Meter lang (jeweils aufgerundet). Das entspricht einer Grundfläche von 29 414 qm – also rund 30 000 Quadratmetern, wenn man die Möglichkeit von Meßfehlern einbezieht. Die Maßeinheit des benutzten Fußes betrug 29,9 cm,[47] was die Idee nähren könnte, daß aus den Abmessungen der Grundfläche ein besonderer mathematischer Wert resultieren sollte. Diese Abmessungen betragen 98 375 Quadratfuß. (Möglicherweise wurden bei der Planung exakt 100 000 Quadratfuß zugrunde gelegt.) 154 Meter entsprechen 515,05017 Fuß zu 29,9 cm. Ich glaube, daß man ursprünglich eine Breite beabsichtigte, die dem 515-fachen der kleinsten Einheit 29,9 cm, und eine Länge, die dem 639-fachen[48] dieser 29,9 cm entsprechen sollte. Der Gesamtumfang beträgt somit 2308 Fuß.

Maße im Mausoleum

Der Hof

Länge	39 Meter = 130,4347 Fuß zu 0,299	130	gerundet
Breite	35 Meter = 117,0568 Fuß	117	gerundet

Die acht Seiten des Mausoleums

Seitenlänge	7,6 Meter	= 25,418 Fuß	25	gerundet
Umfang	8 x 25,418	= 203,34 Fuß	200	gerundet

Die 16stufige Treppe zum Haupteingang   16

Der runde Raum der *Cella*
Durchmesser 13,35 x pi

= 41,919 Meter Umfang	= 140,197 Fuß	140	gerundet
Höhe 21,50 Meter	= 71,906 Fuß	72	gerundet

Die Säulen
- große Säulen

Höhe 9,06 Meter	= 30,301 Fuß	30	gerundet

- kleine Säulen

Höhe 4,85 Meter	= 16,2207 Fuß	16	gerundet

- Säulen zusammen bis Kuppelansatz

Höhe 13,91 Meter	= 46,5217 Fuß	46/47	gerundet

3 Stichwortliste für die Suche nach dem Geheimnis um Johannes

Betrachten Sie die nachfolgenden Stichworte bitte nicht als Gebrauchsanweisung für Schritte, die Sie lediglich abschreiten müßten, um ein bisher verborgenes Geheimnis zu entdecken. Aus diesen Stichworten, die ich aufgrund der von mir entschlüsselten Botschaften zusammengestellt habe, können Sie nur dann Nutzen ziehen, wenn die Suche Sie letztlich einen oder mehrere Schritte weiterführt als in diesem Buch beschrieben.

Gehen Sie daher auch nicht davon aus, daß die Stichworte hier in »allein gültiger« Reihenfolge aufgeführt worden seien. Betrachten Sie sie vielmehr als Puzzlestücke, die sich in einzelnen Details möglicherweise auch anders zusammenfügen lassen.

Falls Sie die nachfolgende Liste in einer Zeit lesen sollten, die weit vom Jahr 1998 n.Chr., dem Zeitpunkt dieser Niederschrift, entfernt ist, dann bedenken Sie bitte auch: Aus der zeitlichen Distanz können Mißverständnisse erwachsen. Um diese weitgehend auszuschalten, sollten Sie versuchen, sich in die Denkweise eines Menschen zu versetzen, der Ende des zweiten christlichen Jahrtausends lebt.

Die Johannes-Reliquien

- Die Gebeine des Johannes wurden um das Jahr 1500 in drei Teile ungleicher Größe aufgeteilt und in Säckchen verpackt. Diese wurden jeweils in feste Behälter eingeschlossen, die ihrerseits schließlich wasserdicht versiegelt wurden.
- Der Schädel sowie der überwiegende Teil (ca. 80 Prozent) der Gebeine befindet sich noch in der Kathedrale von Trogir. Dort sind sie jedoch nicht im Sarkophag, wo die Gebeine jedem Priester, der dort hinter verschlossener Kirchentür agieren kann, ausgeliefert wären. Der Behälter befindet sich vielmehr in einem hohlen Stein, der in der Kathedrale verbaut wurde. Wenn sich dort jemand zu schaffen machen würde, könnte dies jeder Kirchenbesucher sofort erkennen und Alarm schlagen.

- Der Stein mit dem Behälter ist für jedermann sichtbar, der sich genauer mit dem Inneren der Kathedrale beschäftigt. *Anmerkung:* Offensichtlich haben schon manche Sucher nach diesem hohlen Stein geforscht. Jedenfalls zeigt u.a. die Fuge um die Platte mit der Inschrift CORPUS D. IOANNIS – HIC IN-VENTUM deutliche Spuren einer unsachgemäßen Öffnung. Ferner wurde anscheinend versucht, den Tabernakel in der linken Säule vorn zu öffnen. Doch all diese Sucher sind in die Irre gegangen.
- Um den hohlen Stein, der die Gebeine enthält, aufzufinden, ist es erforderlich, daß man die Akustik des Kirchenschiffs genau untersucht. Wer eine bestimmte Tonfolge auf der Orgel anschlägt, wird feststellen, daß die Kirche eine akustische Besonderheit aufweist – beispielsweise eine Stelle, an welcher der »Testton« der Orgel nicht zu hören ist. Dies ist die Stelle, wo der Stein zu finden ist.
- Ein zweiter Behälter mit Gebeinen des Johannes befindet sich gleichfalls auf der Insel, aber außerhalb der Kathedrale. Der betreffende, eher unscheinbare Raum enthält eine Wendeltreppe sowie drei Zugänge. *Anmerkung:* Die Wendeltreppe kann irgendwann in den letzten 500 Jahren entfernt worden sein. Auch könnte man die Zugänge zugemauert oder mit Brettern vernagelt haben.
- Der dritte Behälter befindet sich in Italien – entweder in Rom oder (wahrscheinlicher) in Siena oder Florenz.

Dokumente eines
Kreuzritterordens

Neben der Suche nach Reliquien scheint mir die Suche nach einem Depot mit Dokumenten eines Kreuzritterordens erfolgversprechend zu sein.

- Dieses Depot befindet sich in unmittelbarer Nähe der Kathedrale oder ihrer Anbauten. Möglicherweise sind an der betreffenden Stelle auch die Informationen zu finden, die zu dem Depot führen, das dann seinerseits in einem der umliegenden Orte zu suchen ist, vermutlich in einer der kleinen Kirchen oder Kapellen der Umgebung.

- Wenn Sie einen geometrischen Zusammenhang zwischen der Mittellinie des Gebäudes, den Nebengebäuden, Eingängen, Fenstern, Säulen oder Diagonalen entdeckt haben, versuchen Sie Ihre Erkenntnis zu systematisieren und wenden die gefundene Formel auf alles, was Ihnen auffällig erscheint, an.
- Sobald sich an mindestens zwei, besser drei Gebäuden gemeinsame Schnittpunkte oder Kreuzungspunkte in der Umgebung zeigen, ist Ihnen ein weiterer Schritt gelungen.
- Je unzugänglicher die Stelle, auf die Ihre Schnittpunkte weisen, desto wahrscheinlicher ist es, daß Ihnen ein »Treffer« geglückt ist.

Der schriftliche Nachlaß des Johannes

- Das Versteck der Amphore bzw. des Steinkrugs muß so gewählt worden sein, daß es nicht durch Zufall entdeckt werden kann.
- Der Behälter selbst muß wasserdicht verschlossen und gegen willentliche oder zufällige Zerstörungsversuche weitgehend widerstandsfähig sein.
- Der Behälter ist mindestens 1,2 Meter hoch und mit Pech bestrichen. Demnach scheint der Krug vergraben oder in einer feuchten Höhle gelagert zu sein.

Anmerkung: Trotzdem scheint er für Eingeweihte zugänglich zu sein, denn in der Vergangenheit haben die Hüter des Objekts stets den Zugang zu diesem Archiv gesucht und gefunden.

- Sollten Sie das Objekt finden, achten Sie auf Beschriftungen oder Markierungen, die eindeutig auf den Willen derjenigen hinweisen, die dieses Versteck gewählt haben. Nach den Stichworten, die mir vorliegen, die aber leider unvollständig sind, kann man zwar den Inhalt nicht zerstören, es besteht aber die Gefahr, daß man etwas noch viel Wichtigeres übersieht. Was das sein mag, ist mir nicht bekannt.

Die Regel, an die sich seit fast 2000 Jahren alle Finder halten bzw. gehalten haben sollen, lautet: Man soll

- die gefundenen Schriftstücke (Rollen) kopieren und dann zurücklegen und den Behälter gut verschließen,
- das Versteck gemäß der Situation der jeweiligen Zeit erneut gut sichern oder notfalls verlegen.

Denken Sie unbedingt daran, daß es Interessengruppen gibt, die diese Fundstücke nicht bewahren, sondern zerstören wollen!

Auffälligkeiten in alten Ortsnamen

Beispielsweise gibt es in der Umgebung einen Ort namens Medici. Die kroatischen Einwohner bezeichnen dies als Zufall, der mit der Entwicklung ihrer Sprache zu erklären sei. Aber man sollte sich mit solchen Erklärungen nicht zufriedengeben.

- Suchen Sie auf sehr alten Karten nach Namen von Häusern, Gehöften oder Siedlungen, die heute aus dem Gedächtnis verschwunden sind, ehedem aber mit geheimem Hintersinn so genannt wurden.
- Die Technik, durch Ortsnamen auf besondere Verstecke hinzuweisen, verwendete man seit der Antike gern bei Objekten, die groß und schwer zu transportieren waren.
- Ein solches Objekt ist der Sarkophag des Diokletian.

Der Sarg des Diokletian

- Eine Inschrift im Inneren des Sarkophags (nach ägyptischem Muster) dürfte weitere Hinweise auf Johannes liefern.
- Auf der einzigen Tafel zu Diokletian (heute im Spliter Museum) findet man im sogenannten Nabel u.a. auch die Buchstabenfolge IANA. Das deute ich als Hinweis auf »Johannes I.«, oder »Johannes der Anfang (Alpha)«: IAN A. Allerdings beziehen sich diese Hinweise auf die Situation im 4. Jahrhundert.

Zwei Sarkophage

- Möglicherweise werden Sie als Sucher plötzlich mit zwei Särgen konfrontiert: Der eine stammt aus dem Mausoleum und war für die Gebeine des Johannes bestimmt; der zweite könnte sich unter dem Mausoleum befunden haben und die sterblichen Überreste Diokletians bergen oder geborgen haben.
- Als »Göttlicher« durfte Johannes auf keinen Fall in der Erde bestattet werden; daher ist das Mausoleum unterkellert.
- Dagegen mußte Diokletian, falls er heimlich dem Christentum anhing, in der Erde beigesetzt werden.

4 Johannes ruht nicht in Ephesos!

Offizieller Lesart zufolge soll sich das Grab des Johannes in Ephesesus in der Türkei befinden (siehe Abbildung 60). Allerdings spricht vieles dagegen, daß es sich tatsächlich dort befindet. So wurde der Ort jahrhundertelang als Karawanserei genutzt. Der Islam jedoch hätte nie gewagt, die heilige Stätte, an der Johannes begraben wurde, zu einer Herberge für Kamele und andere Tiere zu

Abbildung 60: Sollte das Grab des Johannes wirklich in Ephesos liegen?

machen, denn Jesus wird als Prophet Gottes vom Islam durchaus anerkannt.

Wem dieses Indiz nicht stichhaltig genug ist, der sollte das Foto genau betrachten: Würde ein Papst oder ein Mitglied der Kurie in Rom wagen, die letzte Ruhestätte des Lieblingsjüngers Jesu so verkommen zu lassen? Würde er es wagen, sein Schicksal vor dem Jüngsten Gericht dafür wissentlich aufs Spiel zu setzen? Würde Rom nicht selbst Sorge tragen, daß eine solche Grabstätte erhalten wird? Statt dessen ist es ein US-amerikanischer Millionär, der die Restaurierungsarbeiten an dieser Basilika in Ephesos finanziert.

Es gibt nur einen Grund für all diese Widersprüche: Johannes liegt in Trogir – und dort ist alles, mehr oder weniger offensichtlich, zu seinen Ehren geregelt worden.

Anmerkungen

1 Tatsächlich handelt es sich um eine Kathedrale, die ich aber 1989 zunächst für eine schlichte Kirche hielt.

2 Unter napoleonischer Besetzung wurde die Fahrrinne zwischen der einstigen Insel und dem Festland zugeschüttet, weshalb Trogir heute eine Halbinsel ist.

3 Vgl. Manfred Dimde: *Die Grals-Verschwörung.* Niedernhausen/Ts. 1997

4 Der Buchstabe »g« wurde eingefügt.

5 oder: göttlichen

6 Ausführlicher komme ich in den folgenden Kapiteln auf diese Belege zu sprechen.

7 In Ermangelung von Aufsichtspersonal ist die Kathedrale von Trogir nur stundenweise zugänglich.

8 Vgl. Kapitel 10.

9 Zur Kathedrale von Trogir gibt es zahlreiche kompetente kroatische Publikationen. Insbesondere möchte ich die Arbeiten der Kunsthistoriker vor Ort hervorheben. Ihre Werke über Trogir, die Kathedrale und das Grab des Johannes »von Orsinni« sind im Anhang aufgeführt.

10 »IC unum« = 99/1 = »erste 99«, d.h. 99 n.Chr.

11 Die Zeitbestimmung wurde aus der Sicht des 15. Jh. (oder früher) vorgenommen.

12 Nach dem Dogma der katholischen Kirche hat sich jeder Autor vor dem Jüngsten Gericht für seine veröffentlichten Werke zu verantworten. Darum gab man den Autoren ihre Werke mit ins Grab, damit sie diese beim Jüngsten Gericht sofort zur Hand hätten.

13 So nannte man Menschen, die dem Messias-Gedanken anhingen, obwohl sie keine Juden waren. Denn ursprünglich wurde zwischen »Judenchristen« und »Heidenchristen« unterschieden. Siehe Kapitel 12.

14 Bereits etwa um 200 n.Chr. hatte sich das Lateinische als Sprache des christlich-römischen Reichs gegenüber dem Griechischen durchgesetzt. Noch 1400 Jahre später rief Martin Luther

auch deshalb so große Aufregung hervor, weil er von diesem Grundsatz abwich, indem er die Bibeltexte ins Deutsche übertrug. Damit versperrte er seinen Anhängern und deren Nachfolgern, einschließlich der sich daraus entwickelnden Freikirchen, die Möglichkeit, die alten Texte der römischen Geheimlehre zu lesen.

15 Zur »Mathematik Gottes« vgl. Kapitel 9.

16 Vgl. Kapitel 15.

17 Hierbei wollen wir vernachlässigen, ob es wirklich dem Jahr 0 oder dem Jahr minus 6 bzw. dem Jahr plus 5 entspricht. Diese Abweichungen ergeben sich, wenn man den Stern von Bethlehem aus der retrospektiven Berechnung von Gestirnskonstellationen durch die Konjunktion zweier Planeten ableitet; sie berücksichtigen aber nicht die Möglichkeit einer Supernova als außerplanmäßige Himmelserscheinung.

18 Auf den gnostischen Gehalt der Johanneskapelle komme ich in Kapitel 9 ausführlich zu sprechen.

19 Vermutlich legte sein Schiff zuerst in Issa an, der ehemaligen griechischen Niederlassung, von wo man dann zum Festland übersetzte.

20 Unklar ist vorerst, von wem er verfolgt wurde. Von den Römern? Der Verdacht liegt nahe, scheint mir aber nicht zwingend zu sein. Hier ist weitere Nachforschung erforderlich.

21 Statt der »Familie« könnte auch eine »Gemeinde« gemeint sein.

22 Vermutlich Christen.

23 Das könnte erklären, warum ausgerechnet in und um Trogir eine so große Christengemeinde entstanden ist.

24 Vielleicht bildlich gemeint, etwa im Sinne von »baute eine Gemeinde auf«.

25 Falls ihn diese Reisen auch nach Rom führten, so ist zumindest bislang nichts darüber bekannt.

26 Vermutlich ist dies eine Anspielung auf den Bruch mit den Petrus/Paulus-Anhängern in Rom.

27 Ein Streit mit zwei Gemeindeältesten in der Umgebung von Trogir, die möglicherweise mit Rom sympathisierten?

28 Wurde Johannes zum Einsiedler? Tatsache scheint jedenfalls zu sein, daß er ein Testament hinterlassen hat, das bis heute der Entdeckung harrt.

29 »Als Römer« könnte zweierlei bedeuten: Bestattung »nach römischer Sitte«, also nicht unter der Erde, sondern in einem Grabmal, oder nach Art der römischen Petrus/Paulus-Christen.

30 Vermutlich seine Hinterlassenschaft.

31 Wahrscheinlich nahe Split. Nach meiner Vermutung, die sich allerdings nicht durch Inschriften belegen läßt, müssen diese Erbstücke vorher auch im Mausoleum des Diokletian-Palastes im heutigen Split aufbewahrt worden sein. Vgl. Kapitel 15.

32 Siehe Kapitel 12.

33 Radovan Ivancevic hat das Johannesgrab in allen Details katalogisiert, fotografiert und gezeichnet. Die Aufrisse sind seiner Publikation *Rana renesansa u trogiru* entnommen (vgl. Bibliographie im Anhang).

34 Diese Kommunikation sollte nicht mit dem Gebet verwechselt werden, das gleichfalls ein Zwiegespräch mit Gott sein mag, jedoch in einem ganz anderen Sinn.

35 Weshalb es bereits im Alten Testament heißt:»Mein Angesicht kannst du nicht sehen, denn kein Mensch wird leben, der mich sieht.« (Moses 2,33 Vers 20–23)

36 So heißt jener, der die Welt des Erz-Ahns betreut, die laut geheimen Schriften etwa die Hälfte der Schöpfung ausmacht.

37 Band 9, Seite 241, Leipzig, vierte Auflage 1887

38 An diesem Punkt spaltet sich heute ein Teil der Forscher von der Lehrmeinung ab: Die Abweichler nehmen an, daß Johannes zusammen mit seinem Bruder Jakobus in den vierziger Jahren nach (rückwirkend postuliertem) Beginn der christlichen Zeitrechnung von den Römern hingerichtet worden sei.

39 Schott, A. O.S.B.: Das Meßbuch der heiligen Kirche. Freiburg 1943/47

40 Gute Gründe für erhebliche Zweifel an dieser These diskutiere ich in meinem Buch *Die Grals-Verschwörung*. Niedernhausen/Ts. 1997

41 Vgl. Kapitel 12.

42 Die Zählung variiert, je nachdem, ob man Gegenpäpste – und wenn ja, welche – mitzählt.

43 Hierzu vgl. Kapitel 15.

44 Vgl. Don Frane Bulic: *Kaiser Diokletians Palast in Split.* Zagreb 1929

45 In diesem Zusammenhang noch ein Hinweis: Der erste Papst, der den Namen des insgeheim Verfemten trug, nahm im Jahr 523 als Johannes I. auf dem heiligen Stuhl in Rom Platz. Hinterfragt man diese auf den ersten Blick überraschende Namengebung, erkennt man rasch, daß sie von Theoderich dem Großen veranlaßt worden war, also nicht auf einen Entschluß der römischen Kirche zurückging. Nachdenklich sollte uns stimmen, daß Theoderich ausgerechnet den mit diesem Namen versehenen Papst nach Konstantinopel schickte, um dort für die Goten des Oströmischen Reichs zu intervenieren, die von Konfiszierung ihrer Kirchen und Zwangsbekehrung zur Orthodoxie bedroht waren. Wollte Theoderich den Wissenden in der Ostkirche auf diese Weise ein Zeichen geben?

46 Auf die Maße des Mausoleums und des Palastes und ihre mögliche mathematisch-symbolische Bedeutung gehe ich im Anhang noch ausführlicher ein.

47 A. Kottmann: *Fünftausend Jahre messen und bauen.* Stuttgart 1981, S. 27

48 Der exakte Meßwert beträgt 638,79598.

Bildnachweis

Abbildungen 1, 2, 3, 5, 6, 7, 8, 9, 10, 11, 14, 22, 24, 25, 26, 27, 28, 30, 32, 37, 39, 40, 41, 43, 44, 45, 48, 53, 54, 56, 58, 59, 60: Manfred Dimde

Abbildungen 4, 55: mit freundlicher Genehmigung des Fremdenverkehrsamts Trogir und des Stadtmuseums Trogir

Abbildungen 12, 13, 16, 17, 18, 19, 20, 21, 23, 29, 31, 33, 34, 35, 36, 38, 42: aus: Radovan Ivančević: *Rana Renesansa u Trogiru*, Split 1997, mit freundlicher Genehmigung des Književni Krug Verlags, Split; Fotos © Krešimir Tadić

Abbildung 47: Salona Christiana, Archäologisches Museum Split, Split 1994; mit freundlicher Genehmigung von Professor Radoslav Tomić

Abbildungen 49, 50, 51, 52: aus: Don Frane Bulić: *Kaiser Diokletians Palast in Split*, Zagreb 1929

Abbildung 57: © Muzey grada Trogira, Trogir 1996; mit freundlicher Genehmigung des Stadtmuseums Trogir

Literaturhinweise

Alföldy, G., *Bevölkerung und Gesellschaft der römischen Provinz Dalmatien.* Budapest 1965

Das Archäologische Museum in Split. Split 1990

Bayard, J.P., *La Tradition cachée des cathédrales.* Edition Dangles 1990

Belas, A., *Ivana Kristitelja u Trogiru.* 1938

Bobek, J., *Trogir – ein kroatisches Rothenburg.* 1943

Breton, A., *Illyrien und Dalmatien oder Sitten, Gebräuche und Trachten der Illyrier und Dalmatier und ihrer Nachbarn.* Pest 1816

Brunsmid, J., *Die Inschriften und Münzen der griechischen Städte Dalmatiens.* Wien 1898

Bulic, Fra L., *Kaiser Diokletians Palast in Split.* Zagreb 1929

Delalle, I., *Sv. Ivan i nas stara knjizevnost.* 1923

Dimde, M., *Die Grals-Verschwörung. Das Jesusgrab jetzt entdeckt.* Niedernhausen/Ts. 1997

Fiskovic, C., Trogir, *Monografija.* Belgrad 1959

Folnesics, H., *Studien zur Entwicklungsgeschichte der Architektur und Plastik des XV. Jahrhunderts in Dalmatien.* Wien 1914

Hébrard, E.; Zeiler, J., *Spalato, le Palais de Dioclétian.* Paris 1912

Horvat, M., *Das Trogirer »Zavod«-Buch vom Jahre 1323.* 1956

Hörmann, W. (Hrsg.), *Gnosis, Das Buch der verborgenen Evangelien.* Augsburg 1990

Ivacic, A., *Trogirske legend.* Novosti 1929

Ivacic, A., *Sarkofags »Milosrdem« (trogirska legenda).* Split 1933

Ivancecic, R., *rana renesansa u trogiru.* Split 1997

Ivancecic, R., *Die Kunstschätze Kroatiens.* Zagreb 1993

Ivekovic, C., *Dalmatiens Architektur und Plastik.* Wien 1927

Karman, L., *Der Glockenturm der Kathedrale von Trogir.* 1943

Kottmann, A., *Fünftausend Jahre messen und bauen.* Stuttgart 1981

Krahe, H., *Die Sprache der Illyrer.* Wiesbaden 1955

Leber. H., *Dalmatinische Kathedralen.* 1931

Lucic, I., *Povijesna Svjedocanstva o Trogiru I und II.* Split 1979

Madirazza, F., *La capella di san Giovanni Orsino. Smotra dalmatinska.* 1899

Marasovic, T., *Der Diokletianpalast – ein Weltkulturerbe.* Zagreb/Split 1995

Marin, E., *Pro salona.* Zagreb 1994

Marin, E. et al., *Salona christiana.* Split 1994

Martensen, H.-J., *Der Weg des Zebedaiden Johannes.* Hamburg 1989

Novak, G., *Das griechische Element in Dalmatiens Städten. Römische Forschungen in Niederösterreich.* Wien 1956

Perojevic, M., *Benediktinci u Trogiru.* Sarajevo 1934

Petricioli, I., *srednjovjekovnim graditeljima uspomen.* Split 1996

Saxer, V., et. al., *Acta primi Congressus internationalis Achaeologiae 1894.* Split 1993

Schott, A. O.S.B., *Das Meßbuch der heiligen Kirche.* Freiburg 1943/47

Stadler, H., *Hermes Handlexikon Päpste und Konzilien.* Düsseldorf 1983

Tomic, R., *Trogirska Slikarska Bastina, Matica Hrvatska.* Split 1997

Register

C del arciuefcouo

Ruine di Salona cita antiq

badeſſa

Iſoletta

Vragnica

Galiola

Madona d paludi

S. Franc

Betelem

S. Nicholo

S. Stefano

S. Catarina

S. Pietro

P

O